HEIKE HOFFMANN

Die Autorin mehrerer Bücher über den Gardasee und sein entdeckenswertes Hinterland schreibt und fotografiert für (Online-)Magazine über Essen und Trinken, Kultur und Reisen, Italien, Oberbayern und die Welt. Die gebürtige Augsburgerin lebt heute am Ammersee und (mit der Seele immer auch) im Süden des Gardasees. Zuletzt veröffentlichte sie das Erzähl-Kochbuch »Ammerseerenke bis Zwetschgendatschi« und den kulinarischen Reiseführer »So schmeckt Oberbayern«. Mehr im Blog **rezepte-von-unterwegs.de**

REZEPTE VON UNTERWEGS | In dieser Reihe bisher erschienen:
Ammerseerenke bis Zwetschgendatschi
Genuss vom Gardasee

Bibliografische Information der Deutschen Nationalbibliothek
Die Deutsche Nationalbibliothek verzeichnet diese Publikation in der Deutschen Nationalbibliografie; detaillierte bibliografische Daten sind im Internet über http://dnb.dnb.de abrufbar.

ISBN 978-3-95786-158-0

Projektleitung: Michael Moratti
Gestaltung und Cover: Lisa Schwenk
Bildbearbeitung: Matthias Gackowski
Lektorat: Andrea Müller

Druck: F&W Druck- und Mediencenter, Kienberg

HEIKE HOFFMANN

Genuss vom Gardasee

REZEPTE VON UNTERWEGS

Wißner

HEIKE HOFFMANN
Ammerseerenke bis Zwetschgendatschi
REZEPTE VON UNTERWEGS
Oberbayern
GARDASEE

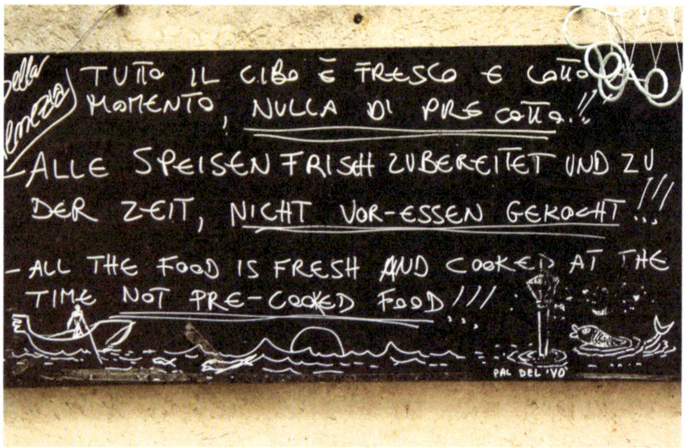
TUTTO IL CIBO È FRESCO E CALDO
MOMENTO, NULLA DI PRE COTTO!!
ALLE SPEISEN FRISCH ZUBEREITET UND ZU
DER ZEIT, NICHT VOR-ESSEN GEKOCHT!!!
ALL THE FOOD IS FRESH AND COOKED AT THE
TIME NOT PRE-COOKED FOOD!!!
PAL DEL 'VO

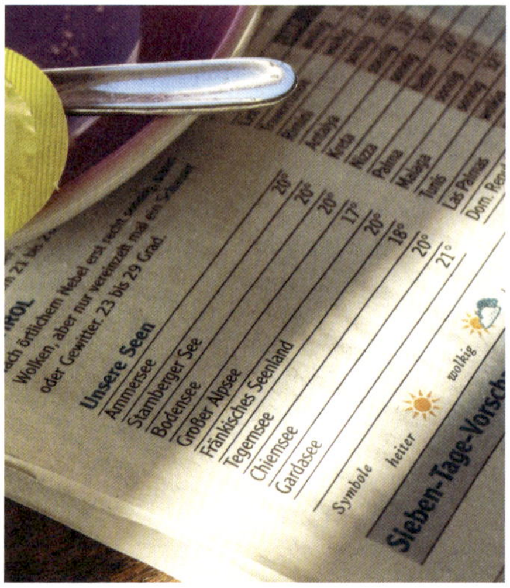
Wolken, aber nur vereinzelt mal ein Schauer
oder Gewitter. 23 bis 29 Grad.
Unsere Seen
Ammersee 20°
Stamberger See 20°
Bodensee 20°
Großer Alpsee 17°
Fränkisches Seenland 20°
Tegernsee 18°
Chiemsee 20°
Gardasee 21°
Kreta
Nizza
Palma
Malaga
Tunis
Las Palmas
Symbole heiter wolkig
Sieben-Tage-Vorsch

Amaronerisotto bis Zitronensorbet

EINE RUNDREISE IN SECHS ETAPPEN

Eigentlich bin ich über einen Umweg zum Gardasee gekommen. Kulinarisch nicht uninteressant, nämlich über Frankreich. Dort war ich mit Freunden im Urlaub, in einem herrlichen alten Steinhaus in der Nähe des Atlantiks. Eines Abends erzählte Bettina, ihre Oma habe ein Haus am Gardasee … Im Jahr darauf fuhren wir hin, Wieland hatte den Weinführer »Veronelli« dabei. Unter den dort verzeichneten Weingütern war eines mit einem »Oscar« für besonders gutes Preis-Leistungs-Verhältnis. Da wollten wir Studenten mit kleinem Geldbeutel hin. Praktischerweise konnten wir uns dort mit unserem Schulfranzösisch verständigen, denn einer der beiden Brüder, die das Weingut betrieben, hatte eine Französin geheiratet. Der Wein schmeckte vorzüglich, wir kamen wieder, freundeten uns an. Das ist jetzt viele Jahre her … beim Blättern im Buch werden Sie auf das Weingut stoßen.

Dieses Buch ist eine »Auslese«, wie beim Wein. Ein Extrakt, wie beim Amarone: Jahrelang war ich unterwegs, auf »kulinarischen Entdeckungen«, habe mehrere Bücher veröffentlicht, Tipps weitergegeben. Davon finden Sie viele in diesem Buch und noch mehr auf meinem Blog »rezepte-von-unterwegs«.

Unsere Rundreise beginnt an den Hängen des Monte Baldo: Lothar Mayer, Experte für Flora und Fauna, führt uns in die Welt der seltenen Pflanzen und Falter ein. Wie fragil die Natur sein kann, zeigt die Bienen-Aktivistin Francesca Ferri. Beide verraten uns ihre Lieblingsrezepte, genauso wie Fischer, Wirte, Köche und Hausfrauen. Von der Punta San Vigilio aus starten wir ins Hinterland, zu den Reisbauern der Po-Ebene und schließlich nach Verona. Zurück am See besuchen wir Giuliana und Mauro auf ihrem Bioweingut und landen schließlich bei Antipasti in Borghetto am Mincio.

Die Moränenhügel im Süden sind meine Heimat am See. Dort gibt es vorzüglichen Grana, Kräuter, Wein, Gemüse – die Basis von köstlichem Slow Food! Auf kulinarischen Spuren geht es weiter zu einer historischen Polenta- und einer familienbetriebenen Ölmühle. Auf einen wirklich ausgezeichneten Kaffee schauen wir bei der Rösterin Anita vorbei, die als Deutsche in Desenzano gelandet ist, genau wie Ute, die ihre Bewunderung für Land und Leute in einer Zeitschrift zum Ausdruck bringt.

Köstlichkeiten finden sich auch beim Bummel durch das Jugendstil-Städtchen Salò, in Gardone und entlang des Westufers bis hinauf nach Tremosine. Beim Besuch der Zitronengärten in und um Limone tauchen wir ein wenig in die Geschichte ein … Oben im Trentino bei Biowein und Biogemüse, Balsamico und Berghütten schließt sich der Kreis.

Mit herrlichen Blicken auf den See verabschieden wir uns, reich beschenkt von Küche, Land und Leuten. Im Gepäck haben wir so mancherlei, das uns daheim in der Vorratskammer an den Lago die Garda erinnert, und Rezepte, die den Süden an den Tisch holen, wo wir mit Freu(n)den den Urlaub wieder aufleben lassen.

Vom Monte Baldo zum schönsten Ort der Welt

Fischerorte, Wein und die Schöne an der Etsch

Mediterranes Flair in südlichen Hügeln

Den See entlang bis ins Valtenesi

Zitronengärten, Palazzi und majestätische Berge

Wo der Norden dem Süden die Hand reicht

Vom Monte Baldo zum schönsten Ort der Welt

Le Castagne del Monte Baldo

IGEL MIT DELIKATEM HERZ

Riccio spinoso col cuore delizioso – Als stacheliger Igel mit einem köstlichen Herz werden die Esskastanien in Italien beschrieben. In der Gardaseeregion wachsen sie vor allem an den Hängen des Monte Baldo rund um San Zeno. Die Früchte des Baumes, der zur Familie der Buchengewächse zählt, reifen im Spätherbst; mit den Rosskastanien sind sie im Übrigen botanisch überhaupt nicht verwandt. Man kann sie gut lagern oder auch trocknen und zu Mehl verarbeiten. Maroni, wie sie auch genannt werden, enthalten hochwertiges Eiweiß, dabei aber weniger Fett als Nüsse sowie jede Menge Vitamine und Mineralstoffe. Sie waren früher insbesondere in Bergregionen eine der wichtigsten Nahrungsquellen im Winter. Die Maroni gibt es im Winter frisch und warm vom Stand, sie sind ein gesunder Snack. Besonders fein ist auch ein bunter Herbstsalat mit gerösteten Maroni.

MARONI IN DER KÜCHE

Wie gart man Maroni? Sammelt man sie selbst, entfernt man natürlich zuerst die grüne, sehr stachelige Hülle. Dann schneidet man die braunen, glänzenden Früchte kreuzweise ein. Anschließend gibt es zwei Möglichkeiten: Entweder röstet man sie unter häufigem Wenden auf dem Grill oder im Backofen (für den Grill gibt es Pfannen mit Löchern im Boden). Sie werden durch das Rösten sehr aromatisch. Oder man kocht sie in Salzwasser oder Milch – vor allem für Süßspeisen. In beiden Fällen sollte man sie schälen, sobald man sie anfassen kann, und darauf achten, dass auch das dünne Häutchen unter der Schale sorgsam entfernt wird.

Man kann auch auf bereits gegarte und geschälte Früchte zurückgreifen, sie sind allerdings bei Weitem nicht so aromatisch. Doch für würzige Füllungen (zum Beispiel von Geflügel zusammen mit Gemüse und Kräutern) oder Süßspeisen sind auch die Konserven geeignet.

Schnell gemacht, köstlich zu einem feinen Tropfen beim Weinfest im Herbst

CASTAGNE IN CAMICIA

MARONI IM SPECKMANTEL

16 Maroni, gegart und geschält
16 Scheiben Coppa oder Bauchspeck

Esskastanien vorbereiten, wie nebenan beschrieben. Hier wäre es am besten, man röstet sie auf dem Feuer. Die Maroni sollten ganz bleiben. Dann wickelt man sie in Coppa oder Bauchspeck. Die Speckscheiben sollten sehr dünn sein.

Man gart sie nun entweder im Backofen, auf dem Grill oder in der Pfanne. Wichtig ist dabei, dass Coppa oder Speck schön kross werden. Am besten schmecken sie, wenn sie sofort serviert werden. Man kann sie aber gut vorbereiten, ggf. bereits vorgaren und wenn die Gäste da sind, kurz unter den Grill des Backofens schieben.

Variation

Als feine Variante füllt man Datteln mit Maronistuckchen und ggf. etwas Grana oder Parmesan, wickelt sie in den Speck und bereitet sie zu, wie oben beschrieben.

Eine ebenso originelle wie köstliche Suppe, in Cappuccinotassen serviert eine edle Vorspeise

CAPPUCCINO DI CASTAGNE

MARONISUPPE

1 Stange Bleichsellerie
1 Schalotte
200 g Karotten, gegart und geschält
etwas Butter
⅛ l Weißwein
1 Lorbeerblatt
150 g Maroni, gegart und geschält
Salz, Pfeffer, Chili
ca. ¼ l Milch
etwas alten Balsamessig

Bleichsellerie grob hacken, mit Schalotte und Karotten in Butter anschwitzen, mit dem Wein ablöschen und aufkochen lassen. Dann mit Wasser auffüllen, Lorbeer zufügen und etwa 20 Min. leise köcheln.

Einige Maroni zur Seite legen, den Rest zur Suppe geben. Wenn das Gemüse weich ist, alles mit dem Stabmixer pürieren. Suppe mit Salz, Pfeffer und Chili abschmecken.

Milch erhitzen und aufschäumen. Suppe in Tassen füllen, Milchschaum darauf geben. Die restlichen Maroni fein hacken, einlegen und alles mit Balsamessig verzieren.

Enrica kam lächelnd aus ihrer Speisekammer zurück. »Selbst gemacht«, meinte sie. Wir mussten ein wenig betteln, um das Rezept zu erhalten …

FICHI ALLE CASTAGNE
FEIGEN MIT MARONI-FÜLLUNG

150 g Maroni, gekocht und geschält
etwas Rum
ca. ⅛ l Milch
1–2 EL Puderzucker
200 g getrocknete Feigen
200 g dunkle Kuvertüre

Die Maroni mit Rum, Milch und Puderzucker pürieren. Nur so viel Milch zugeben, dass eine cremige, aber kompakte Masse entsteht. In die Feigen mit den Fingern Hohlräume eindrücken, Maronimasse einfüllen. Man kann dies mit einer Spritztülle machen oder kleine Kugeln aus der Masse formen und von Hand eindrücken.

Die gefüllten Feigen einige Tage im Kühlschrank durchziehen lassen. Dann auf Holzspieße stecken. Kuvertüre im Wasserbad schmelzen, die Feigen jeweils eintauchen und auf einem Kuchengitter abtropfen und die Schokolade fest werden lassen.

Man kann die Feigen sofort genießen, aber sie halten auch einige Tage im Kühlschrank. Locker in geeignete Behälter geschichtet, lassen sie sich auch gut einfrieren.

Eine weitere verführerische Variante zum Espresso. Maronipralinen sind edel, machen aber kaum Arbeit.

TARTUFINI DI CASTAGNE
MARONITRÜFFEL

200 g weiße Schokolade
250 g Maroni, gekocht
Kakao

Schokolade in Stücke brechen oder schneiden und im Wasserbad schmelzen lassen. Die gekochten Maroni pürieren und zur Schokolade geben. Die Masse auskühlen lassen, abdecken und etwa 20 Min. im Kühlschrank durchziehen lassen.

Dann mit den Händen kleine Kugeln formen und die Kugeln im Kakao wälzen. Die Maronitrüffel kann man im Kühlschrank in einer gut schließenden Dose einige Tage aufbewahren.

Salzige Variante
100 g Frischkäse (oder eine Mischung aus Frischkäse, Robiola und Mascarpone) mit 50 g gerösteten Maroni, 30 g frisch geriebenem Grana oder Parmesan, Salz, Pfeffer und einigen gehackten Rosmarinnadeln vermischen, abschmecken. Weitere 50 g Maroni grob hacken und in der Pfanne anrösten. Aus der Masse Kugeln formen und in den gerösteten Maroni-Bröseln wenden.

Auch wenn der Strudel schon ganz schön gehaltvoll ist – oft wird er mit einer Kugel Vanilleeis und natürlich frisch geschlagener Sahne serviert. Karamellisierte Walnüsse runden das köstliche Festtags-Dessert ab. Statt der Walnüsse kann man auch Haselnüsse verwenden.

STRUDEL DI CASTAGNE DEL MONTE BALDO

STRUDEL MIT MARONI-FÜLLUNG

Teig
300g Mehl
200g Butter
90g Zucker (ggf. Puderzucker)
1 Ei
1 Prise Salz
Abrieb von 1 Bio-Zitrone
1 Eigelb und 2 EL Milch zum Bestreichen

Füllung
einige Rosinen
1 Gläschen Grappa
150g Maroni
3 Äpfel, z. B. Boskoop
1–2 EL Zucker
je 2 EL Pinien- und Walnusskerne
1 Prise Zimt, gemahlen
Puderzucker zum Bestreuen

Die Zutaten für den Teig rasch verkneten und ca. ½ Std. kühl stellen.

Währenddessen für die Füllung die Rosinen in Grappa einweichen und durchziehen lassen. Die Maroni grob würfeln, die Äpfel schälen, das Kerngehäuse herausschneiden und ebenfalls würfeln. Zucker, Nüsse, Zimt, die eingeweichten Rosinen und ggf. die Einweichflüssigkeit zugeben. Die Füllung darf aber nicht zu nass werden.

Dann den Teig zwischen zwei Lagen bemehlter Frischhaltefolie zu einem Rechteck (30 × 40 cm) ausrollen. Die obere Folie abziehen, die Füllung auf den Teig geben und verstreichen. Mithilfe der unteren Folie den Teig zum Strudel aufrollen und mit der Nahtseite nach unten auf das Backblech legen. Das Eigelb mit der Milch verquirlen, den Strudel damit bestreichen und im vorgeheizten Ofen ca. 30–40 Min. bei 175 °C Ober-/Unterhitze backen (Stäbchenprobe).

Nach dem Backen mit Puderzucker bestäuben.

Füllungsvariante

Statt der Äpfel kann man auch 3–4 Birnen (500g geschält und gewürfelt) nehmen, am besten eine feste Sorte wie z. B. »Alexander«. Die wird in der Gardaseeregion übrigens auch angebaut. Statt Zimt passt frischer Ingwer (ca. 25–30g), sehr fein gewürfelt.

Juwelen in luftiger Höhe

WELTENGARTEN MIT TRAUMBLICK

BERGWELT | Ob Kloster, seltene Pflanzen oder Falter – es lohnt sich, die Geheimnisse des Monte Baldo zu erwandern.

Die Bergwelt des Gardasees

FLORA UND FAUNA AM BENACUS

Lothar Mayer hat einen wunderschönen Bild- und Textband zum Gardasee herausgegeben. Mit ihm starten wir einen Ausflug zur Flora und Fauna der Bergwelt rund um den See.

Wie sind Sie zur Fotografie und zum Gardasee gekommen?
Lothar Mayer: 1979 habe ich in Nürnberg einen Vortrag mit dem Titel: »Vom Benacus zum Monte Baldo« besucht und war begeistert. Im darauffolgenden Sommer waren wir zum ersten Mal in Malcesine.

Woher kommt Ihr Interesse für Botanik?
Seit meiner Jugend interessiere ich mich für Schmetterlinge und da kommt dann ganz zwangsläufig die Botanik ins Spiel, denn jede Raupe lebt ja an irgendeiner Futterpflanze. Wenn man Schmetterlinge beobachten will, muss man dort erst gar nicht suchen, wo es die betreffende Pflanze nicht gibt. Leider ist der Rückgang der Tagfalterfauna seit etwa zehn Jahren deutlich erkennbar und so hat sich mein Interesse mehr auf die Botanik konzentriert.

Der Monte Baldo wird auch »Garten Italiens« genannt – was wächst dort?
Wer von der Seilbahn-Endstation in Richtung Monte Telegrafo marschiert, wird einen guten Teil des gesamten Alpenpflanzen-Inventars der Kalkalpen vorfinden. Dazu kommt aber noch eine Besonderheit, die man an eng begrenzter Stelle ab Mitte Juni bewundern kann: Es ist »Kerners Schmuckblume«. Wenn man nicht gerade in der Gipfelregion unterwegs ist, findet man noch die Paradies- und Feuerlilie, wilde Pfingstrosen, die Schopfige Teufelskralle, Pracht-Primeln und den Weißen Affodill.

Außer auf dem Monte Baldo: Wo sind noch Ziele für Hobbybotaniker?
Der Ehrlichkeit halber sei gesagt: Das Gebiet westlich des Gardasees ist für Botaniker ergiebiger als der Monte

Baldo. Am Monte Baldo ist es aber sicher der Kontrast zwischen See und Hochgebirge, der seine Fangkraft wohl nie verlieren wird. Besonders einfach ist es, wenn man an der Ostseite des Monte Baldo das Riserva Naturale di Corna Piana zur Pfingstrosenblütezeit besucht. Wenn man dann auf der zwar schmalen aber ungeheuer reizvollen Straße weiterfährt zur Bocca di Navene und dann immer weiter bis Spiazzi, hat man rechts und links jede Menge spektakuläre Pflanzen und Landschaftsbilder gesehen.

Früher war auch der Monte Brione ein wirklich gutes »Jagdrevier« und natürlich die Rocca di Manerba im Frühling. Aber auch die Strecke Torri via Albisano bis San Zeno bietet für Naturfreunde viele Überraschungen. Wer längere Anfahrten in Kauf nimmt, dem sei der Tremalzopass oder auch die Cima Tombea und der Monte Caplone empfohlen. Das bedeutet im letzteren Fall aber, dass man erst mal bis nach Magasa fahren muss.

Was war Ihr beeindruckendstes Erlebnis am See?
Ich erinnere mich an eine Dienstreise nach Bozen. Es war Freitagabend und ich entschied mich, noch einmal zu übernachten, um am nächsten Tag ein wenig Zeit am See zu verbringen. Bereits um 7.30 Uhr war ich an Ort und Stelle, parkte, schulterte Rucksack und Stativ und erstieg den Monte Brione. Und da war er: Ich hatte ihn schon jahrelang gesucht und nie zu Gesicht bekommen. Das »Wiener Nachtpfauenauge« ist mit einer Spannweite von über zehn Zentimetern der größte unserer Falter und er saß dazu noch an einer blühenden Zistrose.

Was ist ihr Lieblingswein, was die Lieblingsspeise?
Ich bin Weißweintrinker und mag die Trebbiano-Traube ganz gerne, aber nur dann, wenn es mit dem Süße / Säure-Spiel gut passt. Das kann nicht jeder Winzer und es gelingt auch nicht in jedem Jahr. Wenn es aber gelingt, ist der Lugana aus dem südlichen Gardasee-Gebiet mein Lieblingswein. Aber auch in dem etwas östlich gelegenen Soave-Gebiet gibt es einige Weingüter, die sehr gut wissen, wie man mit der Garganega-Traube umgehen muss. Beide passen zu Gardasee-Fisch auf süß-saurem Gemüsebett mit vielen Kapern, den ich im Antico Brolo in Gardone genossen habe. Ansonsten mag ich Fischcarpaccio sehr gerne und natürlich hausgemachte Tagliatelle mit Steinpilzen.

FASZINIEREND | Blüten und Falter am Berg

RISTORANTE
Mirko

Für die Käsesoße nimmt man Monte Veronese oder Formagella di Tremosine – beides milde Bergkäse vom Gardasee.

FUNGHI PORCINI CON FONDUTA

STEINPILZE MIT KÄSESOSSE

4 große Steinpilze
Butter für die Form
1–2 Knoblauchzehen, geschält
etwas Thymian
Salz

Käsesoße
1 EL Butter
1 EL Mehl
150 ml Milch
50 g Monte Veronese oder Formagella di Tremosine
Salz, weißer Pfeffer
Muskatnuss

Steinpilze mit einem trockenen Tuch abreiben, Stiel längs vierteln, wenn möglich, ohne ihn vom Hut zu trennen. Pilze in eine gebutterte ofenfeste Form geben, leicht salzen, Thymian und Knoblauch zugeben. Bei 180 °C etwa 20 Min. backen.

Für die Soße Butter in einem Topf schmelzen, Mehl darüber stäuben, gut verrühren, es dürfen sich keine Klümpchen bilden. Ist die Mischung haselnussbraun, Milch unter ständigem Rühren zugeben. Vom Herd nehmen und den geriebenen Käse darin schmelzen lassen. Mit frisch geriebener Muskatnuss und etwas weißem Pfeffer abschmecken.

Heiße Soße in einen tiefen Teller geben, die Steinpilze darauf setzen und (wenn man mag) mit knusprigen Brotwürfeln sofort servieren.

Ein wunderbar einfaches Rezept, das wenig Zeit in Anspruch nimmt, aber edel daherkommt. Man kann so auch andere Portionsfische zubereiten.

LAVARELLO IN CARTOCCIO

RENKENPAKETE MIT GEMÜSE

ca. 400 g Gemüse wie Kirschtomaten, Karotten, Zucchini
2–3 EL Weinessig
Olivenöl
4 Renken
einige Fenchelzweige, Dill oder Estragon
Saft von 1 Zitrone
einige Oliven
Salz, Pfeffer, Petersilie

Zunächst das Gemüse putzen und in mundgerechte Stücke schneiden oder auch raffeln.

Gemüse mit Essig, Olivenöl, Salz und Pfeffer abschmecken, dann beiseitestellen.

Die Fische säubern, in die Bauchhöhle einen Kräuterzweig und etwas Zitronensaft geben, salzen.

Backpapier ausbreiten, jeweils ein Viertel des Gemüses darauf verteilen, den Fisch sowie einige Oliven dazugeben und gut verschließen.

Auf ein Backblech setzen und ca. 30 Min. bei 180 °C im Ofen garen. Die genaue Dauer hängt von der Größe der Fische ab. Am besten im Papier servieren und Salzflocken sowie Olivenöl bereitstellen.

Mit Weißbrot servieren.

Senza Lista e Lische

FISCHE VOM SEE AUF DEN TELLER

FANGFRISCH | Aus den Fischen des Gardasees entstehen Köstlichkeiten.

Die Überschrift ist ein Zitat. Livio Parisi, Patron der »Osteria al Pescatore« direkt am Hafen von Brenzone, betont stolz: Seine Frau Rosaria zaubert eine Küche ohne Gräten (Lische) und ohne Speisekarte (Lista). Es gibt frischesten Gardaseefisch in unzähligen kreativen Varianten, Überraschungsmenüs, jeden Tag neu zusammengestellt. Je nachdem, was der Fischer bringt und worauf die Köchin gerade Lust hat oder welche Gemüse Saison haben. Die Fischer des Gardasees haben sich schon vor langer Zeit zu einer Kooperative zusammengeschlossen, täglich ab sechs Uhr morgens bieten sie ihren Fang im kleinen Laden in Garda an oder beliefern direkt die Gastronomie am See.

Dass Gardaseefisch als regionale Köstlichkeit wieder den Weg auf die Tische bester Restaurants gefunden hat, ist auch der Slow Food-Bewegung zu verdanken. Lange Zeit galten vor allem Meeresfisch und Krustentiere als edel und schick. Heute besinnen sich viele Restaurants, Fischerkneipen und Hafentavernen rund um den Gardasee auf traditionelle und kreative Zubereitungen mit der Fischvielfalt des Sees. Auch am Gardasee ist die Renke (oder Felchen) der sogenannte Brotfisch – und auch hier hat er zwei Namen. Coregone sagen die einen, Lavarello die anderen. Doch auch Schleien, Hechte, Seeforellen und Süßwasser-Sardinen finden sich in den Netzen der Fischer. Ein italienisches Menü beginnt mit Antipasti, vielen verschiedenen kleinen Köstlichkeiten; als Hauptspeise kleidet man den Fisch in Kartoffel-Schuppen.

Variantenreiche Fischvorspeisen – die Zutaten wechseln je nach Saison. Marinierte Filets, Forelle in Zitronenöl, Sarde in Saor (> S. 59), Hecht und Forellen in Sardinensoße, serviert mit Polenta

ANTIPASTI DI LAGO: EIN GARDASEEMENÜ WIRD ERÖFFNET

ANTIPASTI-VARIATIONEN VON GARDASEE-FISCHEN

Marinierte Gardasee-Sardinen

sehr frische Filets von Sardinen oder Renken
Weißweinessig
Salz, Pfeffer
Lorbeerblätter, Petersilie
Olivenöl

Die Filets in eine Glasschale mit Deckel geben, Essig mit Wasser 1:1 verdünnen (Menge nach Bedarf) und über die Filets gießen. Die Gewürze bis auf die Petersilie zufügen und 5–6 Std. im Kühlschrank ziehen lassen. Dann die Fische aus dem Sud nehmen, Petersilie fein hacken, darüberstreuen und mit etwas Olivenöl übergießen.

Lachsforelle im Zitronensud

sehr frische Filets von der Lachsforelle
1 Bio-Zitrone
Olivenöl, Salz

Die Filets in eine Glasschale geben. Die Zitrone auspressen, den Saft mit Olivenöl und Salz verrühren und über die Filets geben. Etwa ½ Std. im Kühlschrank durchziehen lassen und dann sofort servieren.

Forelle mit Gardasee-Sardinensoße

1 schöne Forelle
1–2 eingelegte Filets von Gardaseesardinen (ersatzweise 2–3 Sardellenfilets aus dem Glas)
einige Kapern, fein gehackt
einige Zweige Petersilie, fein gehackt
ca. ⅛ l bestes Olivenöl vom Gardasee

Forelle säubern und in kaltem, leicht gesalzenem Wasser aufsetzen. Wenn es kocht, herunterschalten und weitere 15 Min. darin ziehen lassen. Noch warm filetieren. Die Filets sollten möglichst ganz bleiben. In eine Glasschale mit Deckel geben und die Soße zubereiten. Dafür in einer Pfanne die Sardinen, die man vorher zerkleinert hat, eher schmelzen lassen als braten. Sobald sie zerfallen sind, Kapern und Petersilie sowie Olivenöl zugeben. Diese Salsa über die Forellenfilets geben und 24 Std. im Kühlschrank durchziehen lassen. Fische etwa 1 Std. vor dem Servieren aus dem Kühlschrank nehmen.

Eine köstliche Variante: Das Kartoffelkleid schützt den Fisch, und durch Wein und Kartoffelstärke entsteht eine köstliche Soße.

LAVARELLO IN CAMICIA

RENKE IM KARTOFFELKLEID

pro Person 1–2 Fischfilets, z. B. Renke oder Forelle
Olivenöl
Salz, Pfeffer
1 kleines Glas guter Weißwein oder Sekt
Rosmarinzweige
1 Tomate
1–2 Kartoffeln

Fischfilets von allen Gräten befreien. Olivenöl in eine flache Form geben, die Fischfilets hineinbetten. Salzen, pfeffern und mit Wein oder Sekt angießen, sodass die Filets knapp bedeckt sind. Etwas Rosmarin sehr fein hacken, Tomate in kleine Würfel schneiden und beides darübergeben.

Die Kartoffeln schälen und in dünne Scheiben schneiden (geht am besten mit Mandoline oder Aufschnittmaschine), schuppenartig auf die Fischfilets legen. Ggf. weitere Rosmarinzweige verteilen. Etwas Butter oder Olivenöl über die Kartoffeln geben und leicht salzen. Bei 170 °C ca. 40 Min. backen. Die Dauer hängt von der Dicke der Fischfilets ab, lieber zu kurz als zu lang.

Sollten die Kartoffeln nicht knusprig sein, ggf. kurz vor dem Servieren unter den Grill legen.

Leibspeise des Kapitäns: Gemüse und Fisch aromatisieren sich gegenseitig und der Fisch bleibt saftig.

SPIEDINI DEL CAPITANO

FISCH-GEMÜSE-SPIESSE

ca. 500 g Fischfilets, z. B. Lachsforelle oder Renke
1–2 milde Zwiebeln
1–2 Paprika in verschiedenen Farben
nach Belieben Zucchini, Fenchel oder Kirschtomaten
ein paar Nadeln Rosmarin, sehr fein gehackt
Salz, Pfeffer, Olivenöl

Egal, ob man die Spieße im Ofen, in der Pfanne oder auf dem Grill zubereitet: Wichtig ist, dass alle Stücke gleich groß sind.

Fischfilets in Würfel schneiden, Paprika von Kernen und Häuten befreien und ebenso wie die Zucchini in passende Stücke schneiden. Zwiebel und Fenchel in Stücke teilen und ebenso verfahren. Man kann die Gemüse kurz blanchieren (in Salzwasser kochen), wenn man sie gerne weich möchte. Dann abwechselnd Fischstücke und Gemüse auf Spieße stecken und mit Kirschtomaten abschließen.

Aus Rosmarin, Salz, Pfeffer und Olivenöl eine Marinade herstellen und die Spieße während des Garvorgangs immer wieder damit bestreichen.

Bei sanfter bis mittlerer Hitze garen.

Die Bienenkönigin

LA TERRA SOTTO I PIEDI

Mit beiden Füßen am Boden und das Schicksal in der Hand. Das sagt die Imkerin Francesca Ferri und kämpft für die Gesundheit ihrer Bienen und damit für eine giftfreie Region. Mit großem Engagement versucht sie, den Einsatz von Glyphosat und anderen Spritzmitteln zu verhindern, jedenfalls zu vermindern. Sie schreibt an Bürgermeister und hofft, dass zumindest die Kommunen darauf verzichten, sie mobilisiert Kollegen und klärt Landwirte auf.

Hat Imkerei in deiner Familie eine lange Tradition?
Francesca Ferri: Nein, eigentlich gar nicht. Doch vor vielen Jahren kam unser Onkel Ferdinando (der Bio-Olivenöl produziert, HH) zu uns und fragte meinen Bruder und mich, ob uns die Imkerei nicht interessieren könnte. Wir fanden das spannend und kurze Zeit später besaßen wir die ersten Bienenvölker, die ersten weißen Anzüge, der erste Honig wurde geschleudert … Als wir dann 2010 mit der Landwirtschaft anfingen, wurde Honigproduktion zu einem Standbein.

Seit wann gibt es deine Plattform »La Terra sotto i Piedi«?
Offiziell seit 2016, aber schon seit 2012 bin ich bei »Beenet«, dem italienweiten Bienen-Monitoring engagiert und habe zusammen mit Kollegen der Imkervereinigung der Region Mantua auf die Probleme der Bienen aufgrund der Umweltgifte hingewiesen. Man merkt es den Bienenvölkern genau an – inmitten von biologisch bewirtschafteten Feldern geht es ihnen besser, die Ausfälle sind geringer.

»La Terra sotto i Piedi« ist entstanden, weil wir uns hier in einer Gegend mit Intensivlandwirtschaft befinden und meine Bienen darunter sehr leiden. Daher wollte ich etwas tun – es kann einfach nicht sein, dass das Bienensterben in diesem Umfang akzeptiert wird und dass die Menschen selbst die Grundlage ihres Lebens vergiften. Es geht um die Bienen, aber im Prinzip auch um uns Menschen – wir sind Teil der Natur, wir stehen mit unseren Beinen auf derselben Erde und wir sollten ihr Schicksal in die Hand nehmen. Das möchte ich mit meinen Aktivitäten anregen und fördern.

Gibt es konkrete Aktivitäten?

Ich schreibe an Bürgermeister in der Hoffnung, dass Unkrautvernichtungsmittel wenigstens im kommunalen Bereich verboten werden. Wir versuchen, uns zu vernetzen. Wir diskutieren mit Landwirten und ermuntern sie, so biologisch wie möglich zu wirtschaften und wenigstens integrierten Landbau auszuprobieren – durchaus mit einigem Erfolg. Der Anteil an biologischer Landwirtschaft, auch Bioweinbau, wird größer und der Erfolg hilft, weitere Mitstreiter zu gewinnen.

Ein Bio-Winzer aus Lazise hat mir gesagt: Nur hoch in den Bergen kann man noch biologisch imkern. Stimmt das?

Ja, das ist wahr. Dort, wo es keine Intensivlandwirtschaft gibt, ist die Natur gesünder. Und unabhängig vom Honig sind auch die Bienen weniger krankheitsanfällig, wenn sie nicht mit den vielen zusätzlichen Giften belastet werden. Ganz rein ist die Luft allerdings auch dort oben nicht. Doch der Unterschied ist für den Imker klar erkennbar. Ich habe Bienenvölker in den Colli Morenici, in den Bergen hier und in der Toskana. Bei den Völkern in den Bergen habe ich viel weniger Probleme.

Könnten wir als Konsumenten etwas für die Bienen tun?

Alles liegt in der Hand der Konsumenten, absolut! Wir können Bioprodukte kaufen und unterstützen so nicht nur unsere eigene Gesundheit, sondern die des Bodens, der Natur insgesamt.

Bioprodukte zu kaufen bedeutet, eine Intensivlandwirtschaft, die Boden und Grundwasser ruiniert, eben nicht zu unterstützen. Wer nicht möchte, dass in unseren Meeren Plastik schwimmt, sollte versuchen, keines mehr zu verwenden. Jeder kann hier seinen eigenen kleinen Beitrag leisten, jeden Tag!

Reden wir über Honig in der Küche – was für Sorten gibt es bei dir?

Honig ist ein faszinierendes Produkt – meine Bienen liefern vor allem den »Millefiori«, den Blütenhonig, der sich je nach Ort und Jahreszeit im Geschmack verändert. Der erste Honig im Frühling ist »blumiger«, dann folgt einer, der mehr nach Obstblüte und damit »fruchtiger« schmeckt. Als Reinsortenhonige habe ich Kastanien-, Akazien- und Efeuhonig im Angebot.

IMKEREIBEDARF | Ein weißer Schutzanzug, Bienenkästen und ein Smoker sind Handwerkszeug.

Met, auf Italienisch Idromiele, ist ein Honigwein, den beispielsweise Paolo Ferri (> S. 98) herstellt. Er schwärmte vom Rezept eines Freundes: Gardaseefisch mariniert mit Met. Dass Honig und Fisch zusammenpassen, machen auch die Skandinavier vor, die klassische schwedische Fischsoße enthält Honig.

SALMERINO ALL' IDROMIELE E SENAPE

SAIBLING IN MET-MARINADE

4 Saiblingsfilets
50 ml Met
1–2 TL Zitronensaft
Salz, weißer Pfeffer
2 EL Senfkörner, ganz
Butter

Die Fischfilets säubern, enthäuten, von allen Gräten befreien und in eine flache Schale legen. Aus den anderen Zutaten eine Marinade rühren und über die Filets gießen. Im Kühlschrank 2–3 Std. durchziehen lassen. Dann schräg in dünne Scheiben schneiden und mit Butter und Toast servieren.

Für dieses Rezept müssen die Fische ganz frisch sein, denn sie werden ja im Prinzip roh gegessen. Sie sehen gegart aus, weil die Säure des Honigweins und des Zitronensafts einen ähnlichen Garprozess in Gang setzt wie garen durch Hitze.

Variation

Etwa ¾ der Zutaten für die Marinade in einen Topf geben, für den man einen passenden Dämpfeinsatz hat. Die Fischfilets einlegen und ca. 5 Min. dämpfen. Die Gardauer hängt von der Dicke der Filets ab, sie sollten innen noch etwas glasig sein.

Butter in einem Pfännchen zerlassen und vorsichtig etwas Met sowie 1–2 Tropfen Zitronensaft zugeben. Ununterbrochen rühren und nicht zu heiß werden lassen, Temperatur herunterschalten und 1 Eigelb zugeben; keinesfalls zu heiß werden lassen. Soße mit Salz und Pfeffer abschmecken, ganz zum Schluss einige Senfkörner einstreuen.

Fisch mit der Soße übergießen und mit Fleur de Sel und Butterkartoffeln servieren.

Mediterrane Kräuter und Honig würzen das Hühnchen auf vortreffliche Weise. Der Honig macht überdies das Fleisch zart und die Haut knusprig.

Lavendel würzt die Honigkekse. Alternativ kann man auch Zitronenschale, Zimt, Ingwer, wilden Fenchel oder Lebkuchengewürz verwenden.

ALETTE DI POLLO

HÜHNERFLÜGEL IN MARINADE

8 Hühnerflügel
100g Honig
3 EL Kräutermischung aus Thymian, Lavendel, Oregano und Peperoncino
Paprika, schwarzer Pfeffer, Salz
1–2 Knoblauchzehen

Von den Hühnerflügeln die Spitzen abtrennen (und z. B. für eine Hühnerbrühe verwenden), die beiden körpernahen Teile beieinander lassen.

Den Knoblauch fein hacken, zusammen mit Kräutern und Gewürzen zum Honig geben, gut vermischen und abschmecken. Die Marinade darf ruhig kräftig-würzig schmecken.

Hühnerflügel damit einreiben, anschließend im Kühlschrank einige Stunden durchziehen lassen.

Die Flügel dann auf ein mit Backpapier ausgekleidetes Blech geben und bei 140 °C etwa 1 Std. im Ofen backen. Ggf. zum Schluss den Grill einschalten. Sie sollen innen zart und außen knusprig sein.

BISCOTTI AL MIELE E LAVANDA

HONIG-KEKSE MIT LAVENDEL

500g Mehl (½ Vollkorn, ½ Type 405)
25g Hefe, frisch
etwas Milch
2 TL Zimt
1 Prise Nelken, gemahlen
etwas Muskatnuss
1 Prise Salz
2–4 EL Lavendelblüten, getrocknet
400g Honig
50g Butter
Butter für das Blech

Mehl in eine Schüssel geben, in der Mitte eine Mulde formen, Hefe hineinbröseln und mit etwas lauwarmer Milch und 1 TL Honig zu einem Vorteig rühren. Ca. 15 Min. gehen lassen.

Dann mit den weiteren Zutaten schnell zu einem Teig verarbeiten. Wieder gehen lassen, bis sich das Teigvolumen verdoppelt hat. Dann durchkneten und ca. ½ cm dick ausrollen. Mit dem Teigrad in Rechtecke zerteilen. Auf das Blech geben, nochmals kurz gehen lassen und bei 200 °C ca. 20 Min. backen.

Wurstel und Wildkräuter

VON MALCESINE RICHTUNG SÜDEN

VOR ANKER | Die Siora Veronica ist das älteste Schiff auf dem Gardasee.

In bestem Deutsch sagt ein freundlicher, älterer Herr: »Sie können ruhig hineingehen, die Tür ist offen«, als ich durch das Glas hindurch die Veranda des Restaurants Da Umberto in Brenzone fotografieren will. Wir kommen ins Gespräch und es stellt sich heraus, dass er der Seniorchef des Hotels mit dem bekannten Restaurant direkt am See ist. Seine Mutter habe hier die ersten Zimmer vermietet, ein Deutscher aus Freising, er wusste sogar noch den Namen, sei der erste Stammgast gewesen. Mit den Kindern pflege man heute noch Kontakt. In den 50er-Jahren war das, die Familie Modena hat das Gebäude erweitert, neue Zimmer eingerichtet. Rund um Malcesine baute man Campingplätze in die Terrassen über dem Gardasee. Ferienidylle, Süden, See. Zu Essen soll es damals angeblich »Wurstel con Crauti« gegeben haben und »Deutsh Kaffee« statt Cappuccino. Wahrscheinlich waren die ersten Touristen nicht so recht neugierig auf die unbekannte Küche.

Doch die Zeiten ändern sich. Und auch wenn man direkt am See bisweilen noch lieblos zubereitete Fertiggerichte für Tagestouristen erhält, vollzog sich in den letzten Jahren ein positiver Wandel wie bei der Trattoria Loncrino, wo sich Fiorella einen Traum erfüllte und über den Dächern von Torri feine Osteriaküche serviert. In Malcesine blieb die Niederländerin Hella hängen und reicht im Santo Cielo hausgemachte Tapas und Biowein und im Re Lear kocht der Trentiner Rudi Flaim inzwischen mit Kräutern vom Monte Baldo.

Als »Erba Amara« (bitteres Kraut) werden manche Wildkräuter bezeichnet, wie Spitzwegerich oder Löwenzahn. Bärlauch und Brennnessel passen auch.

TORTELLI ALL' ERBA AMARA

TORTELLI MIT KRÄUTERFÜLLUNG

1 Portion Nudelteig (> S. 37)
300 g Spinat
1 Bund Wildkräuter, ersatzweise Rucola
120 g Ricotta
50 g Mascarpone
ca. 150 g Grana, frisch gerieben
Salz, Pfeffer
Muskatnuss
Butter
Schnittlauch

Den Teig wie auf > S. 150 / 151 beschrieben vorbereiten. Für die Füllung Spinat und Kräuter von harten Stielen befreien, waschen und tropfnass in einen Topf mit zerlassener Butter geben und bei moderater Hitze zusammenfallen lassen. Etwas abgekühlt sehr fein hacken und mit Ricotta, Mascarpone und 2–3 EL Grana verrühren. Mit Salz, Pfeffer und Muskatnuss abschmecken.

Teig nun dünn ausrollen und zu Quadraten schneiden oder Kreise ausstechen. Etwas Füllung in die Mitte setzen und schnell zusammenfalten (genaue Beschreibung > S. 76 / 77).

Reichlich Salzwasser aufsetzen, die Tortelli darin sieden lassen, bis sie an die Oberfläche steigen (ca. 3–5 Min.). Herausheben, die restliche Butter zerlassen und die Tortelli darin schwenken. Mit dem restlichen Grana und Schnittlauch servieren.

Federleicht sollen die Gnocchi sein; so wenig Mehl wie irgend möglich, lautet die Devise. Im »Loncrino« wurde die fruchtige Tomatensoße noch mit Sfilacci, feinen Streifen von Trockenfleisch, verfeinert.

GNOCCHI DI PATATE CON SUGO DI POMODORINI
KARTOFFELGNOCCHI MIT KIRSCHTOMATENSUGO

400g mehlige Kartoffeln
2 Eigelbe
1 EL Butter, geschmolzen
Salz, Pfeffer
Muskatnuss
ca. 50g Mehl

Sugo
500g Fleischtomaten
1 Zwiebel
1 Knoblauchzehe
1 Glas Weißwein
etwas Butter
250g Kirschtomaten
Saft und Abrieb von 1 Bio-Zitrone
50 g Sfilacci (> Tipp)

Kartoffeln in der Schale kochen, noch heiß schälen, durchpressen. Am besten eignen sich Lagerkartoffeln, die es im Spätherbst und Winter gibt. Jedenfalls sollte man darauf achten, dass es eine mehlige Sorte ist. Sobald die Kartoffeln etwas abgekühlt sind, Eigelb und Butter dazugeben und völlig erkalten lassen. Erst dann mit Salz, Pfeffer und Muskatnuss abschmecken. Mehl in ein Mehlsieb geben und über die Kartoffelmasse stäuben. Nur bei Bedarf noch etwas Mehl einarbeiten, so wenig wie möglich.

Aus dem Teig Rollen formen, diese in kleine Abschnitte teilen und mit einer Gabel Rillen eindrücken. Die Gnocchi in Salzwasser sieden, bis sie an die Oberfläche steigen.

Für den Sugo Zwiebeln und Knoblauch in Butter andünsten, Fleischtomaten zugeben, salzen und nach einiger Zeit mit dem Wein ablöschen. Köcheln lassen, dann pürieren und in einen neuen Topf passieren. Kirschtomaten halbieren und zum Sugo geben. Mit Salz, Pfeffer, Chili sowie Zitronenabrieb und -saft abschmecken.

Gnocchi mit dem Sugo und frisch geriebenem Grana servieren.

Tipp: Unter Sfilacci versteht man hauchfeine Streifen aus Trockenfleisch vom Rind oder auch vom Pferd. Es ist eine Verwertung des Fleisches älterer Tiere. Ersatzweise kann man Bündnerfleisch ganz fein schneiden.

Die San Vigilini wurden, so sagt man, für Winston Churchill kreiert. Er und im Laufe der Zeit noch viele andere Berühmtheiten übernachteten hier in San Vigilio, dem »schönsten Ort der Welt«.

SAN VIGILINI: KLASSISCH UND IN VARIATIONEN

GEBÄCK VOM SCHÖNSTEN ORT DER WELT

100–150g Rosinen
5 EL Grappa
1–2 Bio-Zitronen
3 Eier
150g Zucker
500g Mehl
1 Pck. Backpulver
200g kalte Butter

Die Rosinen mit dem Grappa vermischen und durchziehen lassen. Zitronenschale abreiben, Saft auspressen. Butter Zimmertemperatur annehmen lassen. Eier mit dem Zucker schaumig schlagen, dann Mehl, Backpulver, Butter, Zitronenschale und etwas vom Zitronensaft zu einem Teig verkneten. Dies ist der Grundteig.

Für die klassische Variante nun die Grappa-Rosinen einarbeiten, den Teig zu länglichen Rollen formen und etwa 1 Std. kühl stellen.

Anschließend walnussgroße Stücke abschneiden, zu Kugeln formen und bei Ober-/Unterhitze, 180 °C, 15–20 Min. backen.

Variationen

Livio Parisi und Rosaria Veronesi von der Osteria al Pescatore in Castelletto di Brenzone verraten jede Menge von Variationen: Statt der Rosinen könnte man auch andere Trockenfrüchte wie z.B. Pflaumen, Äpfel oder Feigen verwenden. Statt Grappa würde dann auch ein anderer Obstbrand passen. Oder man fügt Nüsse, Pinienkerne oder gestiftelte Mandeln hinzu. Oder Schokoperlen, dunkel oder hell. Einen Teil des Mehls könnte man dann auch durch Kakao ersetzen.

»Ich möchte, dass Eure Exzellenz zur Kenntnis nehmen, dass San Vigilio der schönste Ort der Welt ist, und zwar auf folgende Weise: Die ganze Welt besteht aus drei Teilen: Afrika, Asien und Europa. Der schönste Erdteil ist Europa, und davon ist Italien der schönste Teil, von Italien (…) der Gardasee, und an diesem San Vigilio. Ergo ist San Vigilio der schönste Ort der Welt.«

Agostino di Brenzone, um 1530

PRACHTKERLE | Trüffel findet man vom Sommer bis zum Winter in den Wäldern der Gardaseeberge.

Feine Bodenschätze

TRÜFFEL VOM GARDASEE

Trüffelliebhabern ist es unerklärlich, dass es Leute geben soll, die diese Delikatesse nicht mögen. Trüffel sind Pilze, die zur Gattung der Schlauchpilze gehören, und es gibt mehrere Sorten davon. Die edelsten und teuersten sind die weißen, die vor allem im Piemont vorkommen. Bei den Trüffeln der Gardaseeberge handelt es sich meist um den schwarzen »Tuber aestivum«, der vom Sommer bis weit in die Wintermonate hinein vorkommt.

Der große Nachteil: Er wächst unterirdisch, sodass der Tartufaio, der Trüffelsammler, große Erfahrung und idealerweise einen ausgebildeten Hund mit guter Trüffelnase hat. In guten Trüffeljahren findet man sie jedoch reichlich, sodass man sich den Genuss schon für ein paar Euro gönnen kann.

TRÜFFEL KAUFEN UND KONSERVIEREN

Am besten besucht man einen der Bauernmärkte, wo Trüffel angeboten werden, zum Beispiel den schönen, großen in Calmasino oder den kleinen in San Benedetto. Achten Sie darauf, dass nicht zu viel Erde an der begehrten Knolle hängt, denn die wäre teuer bezahlt. Trüffel sollten außerdem den feinen, typischen Trüffelduft haben und schön fest sein. Weiche Trüffel sind bereits alt und nicht mehr genießbar.

Schnelle Edelküche: frische Eiernudeln al dente, etwas geschmolzene Butter, Trüffel darüberhobeln. Oder man bäckt ein Omelett (> S. 144, nur nimmt man Weizen- statt Buchweizenmehl) und serviert es mit Trüffeln. Schwarze Trüffel kann man ruhig vorsichtig erwärmen, zum Beispiel in Butter. Dies ist auch die beste Art, die Edelknollen zu konservieren: Man zerlässt Butter, gibt die fein geraspelten Trüffel hinein und lässt die Butter abkühlen, formt eine Rolle daraus und wickelt diese in Klarsichtfolie.

Agnolotti, Tortelli, Tortellini – es handelt sich immer um gefüllte, hauchzarte Nudelkringel.

AGNOLOTTI RIPIENI DI VITELLO SALTATI CON BURRO E TARTUFO
AGNOLOTTI MIT KALBFLEISCHFÜLLUNG UND TRÜFFEL

Pastateig
300g Weizenmehl
200g feiner Weizengrieß für Pastateig
5 Eier von je mindestens 70g
1 EL Olivenöl
1 Prise Salz

Füllung
400g Kalbsbrust, entbeint
etwas Olivenöl
2 Kartoffeln, geschält, gewürfelt
1 Knoblauchzehe
1 Zweig Rosmarin
Salz, Pfeffer
½ Glas Weißwein
einige EL Grana oder Parmesan, frisch gerieben

zum Anrichten
ca. 50g Butter
Trüffel

Das Kalbfleisch zusammenrollen und mit einem Küchengarn fixieren. Dann Olivenöl in eine Bratreine geben, das Fleisch, die Kartoffeln, die geschälte Knoblauchzehe und den Rosmarinzweig zufügen, mit Salz und Pfeffer würzen. Bei 120 °C 4 Std. im Ofen schmoren, nach der Hälfte der Zeit den Wein zugießen.

Schließlich das Fleisch herausnehmen, abkühlen lassen und im Kühlschrank ganz kalt werden lassen. Den Rosmarinzweig entfernen, den Rest des Schmorfonds mit dem Stabmixer zu einer cremigen Masse verarbeiten, ggf. etwas Olivenöl zugießen. Das Fleisch durch den Fleischwolf drehen, mit dem Schmorfond vermischen, mit dem Grana oder Parmesan binden und im Kühlschrank mindestens 1 Std. durchziehen lassen. Die Masse sollte so sein, dass man kleine Kugeln daraus formen kann.

Währenddessen wie auf > S. 150/151 und > S. 76/77 beschrieben den Pastateig zubereiten und zu Agnolotti formen. Diese in siedendem, gesalzenem Wasser ziehen lassen, bis sie an die Oberfläche steigen. In der Zwischenzeit die Butter in einer weiten Pfanne schmelzen. Die Agnolotti mit dem Sieblöffel aus dem Kochwasser heben, etwas abtropfen lassen und in der Pfanne mit der Butter durchschwenken. In vorgewärmte Teller geben und Trüffel darüberhobeln; Menge je nach Geschmack und Geldbeutel.

le tende
azienda agricola
FRAGILE
le tende
azienda agricola
FRAGILE
le tende
azienda agricola
le tende
azienda agricola
ROSSO SALINE

Fischerorte, Wein und die Schöne an der Etsch

Leibspeise Risotto

KULINARISCHER VERWANDLUNGSKÜNSTLER

Die Bergregion endet abrupt hier im Süden, der Fluss Po hat sich über Jahrtausende eine weite Ebene geschaffen, zum Teil liegen die Felder hier sogar unter dem Meeresspiegel in absolut flacher Landschaft. Das ist, auch durch die heißen Sommer begünstigt, ideal für den Reisanbau. Zwischen Verona und Mantua liegt das größte Reisanbaugebiet Europas – vor allem die Sorten Vialone Nano und Carnaroli werden hier kultiviert. Es sind Rundkorn-Reissorten, die eine besondere Kocheigenschaft haben – sie werden außen cremig und behalten im Innern lange eine knackige Konsistenz. Risotto ist in unzähligen Varianten ein Traditionsgericht, das für die unvergleichliche kulinarische Kreativität der Italiener steht: Man braucht nämlich nicht viel, um eine Delikatesse entstehen zu lassen. Risotto ist Armeleuteessen und findet trotzdem seinen Platz auf der Karte edler Restaurants.

UNZÄHLIGE VARIANTEN

Ob Kräuter, Pilze, Gemüse, Wurst, Fleisch, Fisch oder sogar Erdbeeren – Risotto schmeckt in tausend Varianten. In der Regel dünstet man eine Zwiebel in Butter an und gibt den Reis dazu, der mitgeröstet wird, bis er duftet. Dann gießt man ein Glas Wein dazu, lässt den Wein verdampfen und gießt mit heißer Brühe nach und nach auf. Ob Gemüse-, Hühner- oder kräftigere Fleischbrühe, kommt auf Geschmack und Risottoart an. Macht man beispielsweise Risotto mit Pilzen und verwendet dazu getrocknete Steinpilze, nimmt man einfach das Einweichwasser der Pilze. Risotto ist auch eine wunderbare Resteverwertung – ein Bratenrest oder übrig gebliebenes Gemüse kann am nächsten Tag im Risotto regelrecht veredelt werden. Ganz wichtig ist für beinahe jeden Risotto (außer solchen mit Fisch) der berühmte Grana der Region. Resteverwertung gilt auch hier: Man lässt die Rinden mitkochen.

Risi e Bisi heißt dieses Rezept aus dem Veneto. »Bisi« kommt von »Piselli«, dem italienischen Wort für Erbsen.

»Pilota« wurden die Arbeiter der Reismühlen genannt, nach dem Wort »Pila« für den speziellen Mahlstein – ein kräftiges, sättigendes Gericht.

RISI E BISI
ERBSENRISOTTO

1 Zwiebel
500g frische Erbsen
etwas Butter
250g Risottoreis
¼ l Weißwein
etwas Grana mit Rinde
Salz
weißer Pfeffer

Zwiebel schälen, Erbsen auspalen. Zwiebelschalen und Erbsenschoten mit kaltem Wasser bedecken, aufkochen und etwa 30 Min. sieden lassen.

Die Zwiebel würfeln und Butter glasig dünsten. Den Reis dazugeben und bei mittlerer Hitze anrösten, bis er duftet, dann mit Wein ablöschen. Nach und nach mit der Erbsenschotenbrühe aufgießen und immer wieder umrühren. Die Rindenstücke des Grana ebenfalls zum Risotto geben, wenn man das erste Mal mit der Brühe aufgießt. Immer wieder heiße Brühe nachgießen und umrühren. Die Erbsen nach etwa 10 Min. Kochzeit zugeben und den Risotto fertig garen.

Mit frisch geriebenem Grana servieren.

Tipp: Grana-Rinden keinesfalls wegwerfen. Sie würzen Risotto, aber z. B. auch Gemüsesuppen wie Minestrone. Da gerade die Rinde des Hartkäses bereits Salz enthält, vorsichtig salzen.

RISO ALLA PILOTA
REIS DER REISBAUERN

600ml Wasser
350g Risottoreis
50g Butter
300g Wurstbrät
100g Grana, frisch gerieben
Salz, Pfeffer

Das Wasser zum Kochen bringen, den Reis einrieseln lassen und ca. 10 Min. unter gelegentlichem Umrühren kochen lassen, bis der Reis das Wasser aufgenommen hat. Dann den Topf zur Seite stellen, mit einem Geschirrtuch abdecken, den Deckel aufsetzen und 10 Min. ruhen lassen.

Butter in einer Pfanne zerlassen, das zerpflückte Wurstbrät dazugeben und unter Rühren braten. Dann den Reis abdecken, mit einer Gabel zerpflücken, den Grana und anschließend das Wurstbrät unterheben und sofort servieren.

Tipp: Wenn man kein Wurstbrät bekommt, kann man gemischtes Hackfleisch nehmen und es kräftig abschmecken.

Der Broccoletto aus Custoza ist eine alte Blattgemüsesorte, die erst vor Kurzem unter den Schutz von Slow Food gestellt wurde.

RISOTTO AL BROCCOLETTO

RISOTTO MIT BLATTGEMÜSE

1 Zwiebel
etwas Butter und Olivenöl
250 g Risottoreis
¼ l Weißwein
ca. ½ l Gemüse- oder Hühnerbrühe
500 g Broccoletto di Custoza (ersatzweise Mangold)
einige Scheiben Coppa oder Pancetta
etwas Grana mit Rinde
Salz, weißer Pfeffer

Die Zwiebel würfeln und in einer Mischung aus Butter und Olivenöl glasig dünsten. Den Reis dazugeben und bei mittlerer Hitze anrösten, bis er duftet. Mit Weißwein ablöschen, den Wein vollständig verkochen lassen. Dann nach und nach mit der heißen Brühe aufgießen und immer wieder umrühren. Blattgemüse waschen und in feine Streifen schneiden. Etwa nach der Hälfte der Kochzeit in den Risotto einrühren.

Coppa oder Pancetta in einer beschichteten Pfanne ohne zusätzliches Fett langsam knusprig braten. Fertigen Risotto mit frisch geriebenem Grana würzen und mit den knusprigen Coppa-Scheiben dekorieren.

Geschmackliche Einheit. Mit kräftigem Rotwein und elegantem Weißwein ergänzen sich die beiden Risottovarianten vortrefflich.

RISOTTO YIN YANG

ROT- UND WEISSWEINRISOTTO

250 g Risottoreis
etwas Butter
2 Karotten
2 Stangen Sellerie
2 Lorbeerblätter

150 g Grana, frisch gerieben

300 ml Rotwein
1 rote Zwiebel
3–4 Gewürznelken

300 ml Weißwein
1 weiße Zwiebel
½ Vanillestange

Karotten und Sellerie putzen und grob hacken. Rotwein mit den Nelken, der Hälfte des Gemüses und 1 Lorbeerblatt aufsetzen, aufkochen und ca. ½ Std. köcheln lassen. Mit dem Weißwein, gewürzt mit der Vanille, unter Zugabe der zweiten Hälfte des Gemüses, genauso verfahren.

Die beiden Zwiebeln fein hacken. In zwei Töpfen in Butter andünsten, jeweils eine Hälfte Reis zufügen und rühren, bis er duftet. Dann den mit der weißen Zwiebel mit dem Weißwein-, den mit der roten Zwiebel mit Rotweinsud ablöschen und köcheln lassen; dabei immer wieder umrühren. Fehlt Flüssigkeit, durch Wasser bzw. Brühe ergänzen, bis der Reis cremig ist, aber noch Biss hat. Das dauert ca. 20 Min.

Mit frisch geriebenem Grana würzen.

Wunderbare Resteverwertung für übrig gebliebenen Risotto – passt bestens zum Aperitif, mit Salat wird eine Mahlzeit daraus.

CROCHETTE DI RISO

KNUSPRIGE REISBÄLLCHEN

400g Risotto, fertig gekocht
2 Eier
70g Grana oder Parmesan, frisch gerieben
Salz, Pfeffer
Muskatnuss
2 EL Mehl
100g Grieß
Paprikapulver
Fett zum Frittieren

Risotto in eine Schüssel geben, Eigelbe sowie den Grana zufügen und gut vermischen. Die Eiweiße mit einer Prise Salz steif schlagen und unterheben. Masse mit Salz, Pfeffer und Muskatnuss abschmecken. Wenn nötig, mit etwas Mehl binden.

Dann etwa walnussgroße Bällchen formen. Gries (ideal wäre Maisgries) mit Paprika würzen, Bällchen darin rollen und frittieren. Auf Küchenpapier abtropfen lassen und sofort servieren.

Tipp: Einfacher ist es, wenn man die Reiskugeln flach drückt und sie auf Backpapier im Ofen bäckt.

Anleihe aus Griechenland: Gegarte Weinblätter zum Füllen gibt es in griechischen oder türkischen Geschäften.

FOGLIE DI VITE RIPIENE

GEFÜLLTE WEINBLÄTTER

30 junge, große Weinblätter
ca. 350g Risotto, fertig gekocht
1 Handvoll getrocknete Tomaten
etwas Minze und Petersilie
1–2 Bio-Zitronen

Weinblätter ca. 5 Min in Salzwasser kochen, dann abtropfen lassen.

Die getrockneten Tomaten und die Kräuter fein hacken, von den Zitronen die Schale abreiben. Alles unter den Risotto mischen und abschmecken.

Die Weinblätter ausbreiten, auf die breite Seite des Blattes etwas Reisfüllung geben, die man vorher mit den Händen geformt hat. Erst die breite Seite, dann die Blattspitzen rechts und links über der Füllung zusammenklappen und fest einrollen.

Mit der Naht nach unten nebeneinander dicht an dicht in einen weiten Topf legen, Zitronensaft darübergießen und mit einem Teller beschweren. Mit so viel leicht gesalzenem Wasser auffüllen, dass die Röllchen knapp bedeckt sind. Bei niedriger Hitze ca. 1 Std. köcheln, dann im Topf erkalten lassen. Mit Zitronenscheiben servieren.

Den Urlaub einläuten

AM LUNGOLAGO ENTLANG ZUM APERITIVO SCHLENDERN

SONNENUNTERGANG | Noch ein Bad oder doch gleich zur Bar? Schöne Qual der Wahl …

Was braucht man mehr? Eine kleine Bar, etwas Melone mit Schinken, ein Glas Spritz oder Lugana. Urlaubsfeeling pur – egal ob am Lungolago von Garda oder Peschiera, Lazise oder Bardolino. Hier blinzelt man Richtung Sonnenuntergang und lässt es sich gut gehen.

Auch wenn in der Saison viel los ist, gibt es überall lauschige Ecken, oft muss man sich vom Hauptplatz nur wenige Schritte entfernen. Hier bekommt man in den Bars kleine Gerichte für den Hunger zwischendurch, fein belegte Panini, frische Salate oder trendige hausgemachte Burger. Auch der Wein für den Spritz stammt in der Regel aus der Region, von Winzern, die sich schon lange wieder Mühe geben und köstliche Tropfen keltern. In den letzten Jahren hat sich in den Urlaubsorten am Gardasee eine erfreuliche Trendwende vollzogen: Es gibt immer mehr Osterie, die regionale Produkte auftischen, Trattorie mit hausgemachter Pasta oder auch Restaurants mit gehobenem Anspruch – und zwar auch in den touristischen Zentren. Immer mehr Besucher aus nah und fern wünschen sich Qualität und sind auch bereit, ein paar Euro mehr dafür zu bezahlen. Selbst die Pizza wird inzwischen wieder mit gutem Schinken, frischem Gemüse und echtem Käse belegt und dadurch zum Genuss. Und wenn die Honigmelone auf den Feldern des Hinterlandes ausreifen durfte, und damit ihrem Namen auch wirklich alle Ehre macht, der Schinken aus Parma oder San Daniele stammt, dann wird aus dem Alltagssnack ein kulinarisches Gedicht.

Prickelnde Pionierarbeit

WAS MARIENKÄFER UND WALDERDBEEREN MIT BIOWEIN ZU TUN HABEN

Das Weingut Le Tende, zwischen Lazise und Colà gelegen, arbeitet seit 2012 biologisch. Giuliana Tezza und Mauro Fortuna keltern seit langen Jahren traditionelle Weine mit eigener Handschrift und entwickeln neue Kreationen.

Ihr habt Sektflaschen in der Hand – was ist da drin?
Giuliana: Es ist der erste biologische Chiaretto Spumante der Appellation. Wir sind stolz darauf!

Der Rosé, bei euch »Chiaretto« genannt, scheint gut angenommen zu werden.
Mauro: Chiaretto ist Geschichte und Zukunft gleichzeitig. Der erste Bardolino-Wein im 19. Jahrhundert war auch hell. Roséwein ist »in«, aber unsere Trauben sind auch ausgezeichnet dafür geeignet. Der Wein ist frisch, hat kurze Gärzeiten, man kann ihn bald trinken.

Wozu passt Chiaretto, ob prickelnd oder still?
Giuliana / Mauro: Chiaretto Spumante ist für uns der beste Aperitif; rein, pur, ohne Farbstoffe wie bei anderen Aperitivgetränken. Doch dann begleitet er fast alle Speisen: Fisch genauso wie Pasta, auch Fleisch. Bestens auch zu vegetarischen Gerichten – er begleitet, er drängt sich nicht auf.

Was hat sich durch den Bioanbau verändert?
Seit wir biologisch arbeiten, beobachten wir, dass sich viele Pflanzen wieder ansiedeln. Klee beispielsweise und Walderdbeeren; Pflanzen jedenfalls, die schnell verschwinden, wenn man soge-

GIFTFREI | Seit nicht mehr gespritzt wird, wachsen wieder Walderdbeeren im Weinfeld.

nannte »Pflanzenschutzmittel« oder gar Glyphosat spritzt. Aber auch Tiere wie Frösche, Schmetterlinge, Wildbienen und Marienkäfer kommen zurück. Es ist wirklich eine Freude, dies mitzuerleben!

Wie viele Flaschen füllt ihr jährlich ab?
Je nach Jahr 70 000–80 000. In der Appellation Bardolino und Custoza werden insgesamt rund 25 Millionen Flaschen produziert. Wir sind ein kleines Weingut mit rund 14 Hektar.

Werden es in letzter Zeit mehr Biowinzer?
Ja, es stellen immer mehr um, einige sogar auf biodynamische Landwirtschaft. Wichtig ist: Bio und Qualität müssen zusammengehen. Ein »Biowein« für 2,50 Euro kann kein guter Wein sein.

Und eure anderen Weine?
Inzwischen sind alle Weine bio-zertifiziert. Wir haben zwei Linien, die klassische mit dem weißen Custoza und rot bzw. eben rosé Bardolino Classico und Classico Superiore. Dazu kommen Weine mit internationalen Trauben wie unser lange gereifter »Cisisbeo« aus Cabernet Sauvignon und Merlot oder »Luccillini«, unser Sauvingnon Blanc mit der heimischen Traube Garganega. Aus dieser Traube ist 2018 der »Sabia« entstanden, ein Weißwein, der lange 18 Monate auf den eigenen Hefen reift. Dadurch wird er weich, mineralisch; er ist unsere neue Interpretation eines eleganten Weißweins. Außerdem haben wir einen Reinsorten-Corvina, der noblen heimischen Rebsorte, die auch im Amarone steckt.

»Chiaretto« wird der Roséwein am Gardasee genannt. »Chiaro« bedeutet hell, klar. Die Trauben des »Chiaretto« sind nämlich die gleichen, die man für den roten Bardolino DOC verwendet, nur wird der Wein früher von der Maische getrennt.

GELATINA DI CHIARETTO E FRUTTI DI BOSCO

CHIARETTO-GELEE MIT FRÜCHTEN

½ l Chiaretto
1 Stange Zimt
3 Nelken
1 Bio-Zitrone
ca. 300 g Früchte wie Himbeeren, Johannisbeeren, Walderdbeeren oder Honigmelone
50 g Zucker
Blattgelatine (ca. 7 Blatt, Packungsanweisung beachten!)
frische Früchte der Saison für die Dekoration

Gewürze und den Wein mischen. Bio-Zitrone dünn abschälen und die Schale dazugeben; Saft auspressen und beiseitestellen. Die Früchte verlesen, Melonenfleisch in kleine Würfel schneiden. Früchte zum Wein geben und etwa 2–3 Std. durchziehen lassen.

Dann die Flüssigkeit in einen Topf geben, Gewürze und Zitronenschale entfernen, den Zucker zugeben und unter Rühren aufkochen, bis sich der Zucker aufgelöst hat. Flüssigkeit abmessen, es sollte etwa ½ Liter sein.

Die Blattgelatine in eiskaltem Wasser einweichen. Dann gut ausdrücken, der inzwischen etwas abgekühlten Flüssigkeit zugeben und rühren, bis sie sich aufgelöst hat. Flüssigkeit weiter abkühlen lassen und mit Zitronensaft sowie ggf. nochmals Zucker abschmecken.

Nun entweder eine Kastenform oder Portionsförmchen mit Klarsichtfolie auskleiden. Die Flüssigkeit etwa 1 cm hoch einfüllen und so lange in den Kühlschrank (oder das Gefrierfach) stellen, bis die Flüssigkeit beginnt, fest zu werden. Danach die Früchte mit der restlichen Flüssigkeit zugeben und die Form damit auffüllen.

Schließlich mindestens 3–4 Std. in den Kühlschrank geben und fest werden lassen. Man kann das Dessert auch schon am Vortag zubereiten.

Zum Anrichten schöne Früchte der Saison in mundgerechte Stücke schneiden. Hat man kleine Förmchen verwendet, diese kurz in heißes Wasser tauchen und stürzen. Früchteterrine aus der Kastenform in ca. 1 cm dicke Scheiben schneiden und mit Früchten umlegt servieren.

Garganega, Rondinella und Corvina sind heimische Rebsorten der Anbauregion Bardolino. Giuliana nimmt frischen Most als Basis für die Gelees.

TRIS DI GELATINE

DREIERLEI WEINGELEE

Zutaten für je ca. 4 Gläser:
je 800 ml Traubensaft bzw. Most
500 g Gelierzucker 2:1

Gelierzucker mit der kalten Flüssigkeit vermischen, unter ständigem Rühren aufkochen. Dann 3–4 Min. sprudelnd weiter kochen und entstehenden Schaum abschöpfen. Die heiße Flüssigkeit in blitzsaubere Gläser füllen, die man zuvor auf ein nasses Geschirrtuch gestellt hat, und sofort schließen.

Das Gelee reicht man zu Grana oder Parmesan, zu kaltem Braten, Ente oder man schmeckt damit Wildgerichte (> S. 195 – 197) ab.

Gelee aus Wein
Den Wein aufkochen und etwas reduzieren, sodass 750 ml übrig bleiben. Abkühlen lassen und anschließend genau nach Packungsanweisung weiterverarbeiten. Bei der Zubereitung der Weingelees auf keinen Fall mehr Flüssigkeit nehmen als angegeben ist. Das Einkochen ist deshalb wichtig, weil dadurch ein Großteil des Alkohols verdampft. Alkohol vermindert die Gelierfähigkeit der Einmachhilfe.

Gemüse, Obst, Südfrüchte

DELIKATES DIREKT VOM FELD

ROSA | Zur Pfirsichblüte im Frühling verwandelt sich die Landschaft in ein Blütenmeer in Pink.

Kilometro zero

DELIKATESSEN DIREKT VOM MARKT

Genießer sollten die Bauernmärkte am Gardasee keinesfalls auslassen. Während die klassischen Wochenmärkte meist Kleidung, Haushaltsgeräte, Lederwaren und je nach Nähe zum See natürlich jede Menge Andenken anbieten, gibt es auf den Bauernmärkten wie beispielsweise in Calmasino nur eigene Erzeugnisse. Käse vom Monte Baldo oder aus den Veroneser Bergen, von Ziege, Kuh oder Schaf, Gemüse und Obst in herrlicher Vielfalt und Frische. Es gibt Fleisch, Wurst und Fisch, je nach Jahreszeit Trüffel und Pilze. Stände bieten hausgemachte Pasta, Gnocchi und auch Soßen dazu an, zum hausgebackenen Brot kommen Marmeladen und viele eingelegte Köstlichkeiten.

DIE SCHÖNSTEN BAUERNMÄRKTE

Norden

Arco, Viale delle Palme, Di.
Riva, Viale Roma, Fr.

Ostufer und Hinterland

Cavalcaselle, Via Mantovana, Mo.
Bussolengo, Piazza XXIV Aprile, Di.
Malcesine, Piazza Santo Stefano, Mi.
Brenzone, Loc. Assenza, Do.
Calmasino, Piazzale della Battaglia, Sa.
Costermano, Fraz. Albarè, So.
Castelnuovo del Garda, Via Marconi, So.

Süden

San Benedetto di Lugana, Do.
Desenzano, Piazza Garibaldi, Do.
Castiglione delle Stiviere, Piazza San Luigi, Do.
Goito, Piazza Mateotti, Fr.
Mantova, Lungo Rio IV Novembre, Sa.
Grazie di Curtatone, Via Francesca, So.
Castel d'Ario, Via Trieste, So.

Westufer

Salò, Piazza Leonardo Da Vinci, Di.
Padenghe, Piazza d'Annunzio, Mi.
Lonato, Piazza Martiri della Libertà, Sa.

GUTE LAUNE | Fröhlich und kompetent werden die eigenen Erzeugnisse präsentiert.

Löwenzahn ist wie Chicoree oder Radicchio ein Zichoriengewächs, das in Italien häufig angebaut wird. Im Frühling kann man auch wilden Löwenzahn verwenden.

CATALOGNA E GRANA
LÖWENZAHN MIT GRANA

1 große Staude Löwenzahn
⅛ l Olivenöl
Saft von 1 Zitrone
Salz, Pfeffer
100 g Grana oder Parmesan

Die Blattenden vom Gemüse abschneiden – die Blätter sind recht bitter, man konzentriert sich hier auf die Blattrippen.

In einem großen Topf Salzwasser zum Kochen bringen und den Löwenzahn hineingeben, etwa 15 Min. kochen. Die Dauer hängt von der Dicke der Blattrippen ab, das Gemüse sollte weich sein. Herausnehmen und in eine feuerfeste Form legen. Olivenöl, Zitronensaft und Grana verrühren, mit Salz und Pfeffer abschmecken und über das Gemüse geben und im Ofen überbacken.

Das Gemüse schmeckt heiß oder auch lauwarm.

Statt Spinat könnte man auch Blattmangold verwenden. Die Petersilie kann durch Thymian oder Basilikum ersetzt werden, den Basilikum aber nicht mitkochen.

CREMA DI SPINACI
SPINAT-KRÄUTER-SUPPE

2 mehlige Kartoffeln
500 g Spinat
1 Bund Petersilie
50 g Grana oder Parmesan, frisch gerieben
Salz, Pfeffer
Olivenöl
Milch

Kartoffeln schälen, in Würfel schneiden und in einen Topf geben, der groß genug ist, dass der Spinat hinterher Platz hat. Mit Wasser bedecken und weich kochen. Spinat säubern, tropfnass zu den Kartoffeln geben und zusammenfallen lassen. Gegebenenfalls noch etwas Wasser zugeben, die Petersilie waschen, fein hacken und dazugeben. Mit einem Stabmixer pürieren. Es sollte eine sämige, nicht allzu flüssige Suppe geben. Die Hälfte des Grana unterheben und mit Salz, Pfeffer und einem Schuss Olivenöl abschmecken.

Milch aufschäumen und wie auf dem Foto anrichten.

Für dieses feine Gericht sollte man unbedingt kleine, frische Zucchini verwenden. Es lässt sich bestens vorbereiten und schmeckt am nächsten Tag noch besser.

ZUCCHINE IN SCAPESCE
ZUCCHINI MIT MINZE

Zucchini
Olivenöl
Minze
milder Weißweinessig
Salz, Pfeffer

Zucchini in feine Scheiben schneiden, in Olivenöl nach und nach braten, dabei salzen. Zum Schluss alle Zucchinischeiben in die Pfanne geben und mit einem guten Schuss Weißweinessig ablöschen. Ca. 5 Min. bei niedriger Hitze durchziehen lassen.

Die Minzeblättchen fein hacken und unter die lauwarmen Zucchini heben. Dann am besten über Nacht durchziehen lassen. Vor dem Servieren etwas frisches Olivenöl darübergeben und noch einmal abschmecken.

Tipp: Passt bestens auf ein sommerliches Gemüsebuffet und zu Grillfleisch oder Fisch.

Wenn man Glück hat, findet man auf dem Bauernmarkt kleine, ganz frische Zucchini mit den Blüten. Wenn nicht, nimmt man einfach Blüten und kleine Zucchini und setzt sie zusammen.

FIORI DI ZUCCHINI RIPIENI
ZUCCHINI MIT GEFÜLLTEN BLÜTEN

kleine Zucchini mit Blüte
Basilikum
Olivenöl
Salz, Pfeffer
Ricotta
etwas Grana oder Parmesan, frisch gerieben

Basilikum fein hacken und zusammen mit einem Schuss Olivenöl, Salz und Pfeffer unter den Ricotta rühren und etwas frisch geriebenen Grana unterheben. Die Zucchini mit einem scharfen, spitzen Messer längs parallel so einschneiden, dass sie an der Blüte noch zusammenhalten. Von den Blüten den wattigen Stempel entfernen und mit der Ricottamasse füllen.

Die Zucchini auf ein gefettetes Backblech geben und ca. 20 Min. bei 180 °C backen. Wenn die Zucchini weich sind, die Frucht fächerartig auseinanderdrücken.

Mit etwas frisch geriebenem Grana bestreuen und sofort servieren.

Die Seitenwege der Schönen

EIN ABEND IN VERONA

APERITIVOZEIT | »Die Schöne an der Etsch«, wie Verona liebevoll genannt wird, lässt den Abend beginnen.

Die Busparkplätze leeren sich langsam, Verona gehört wieder den Veronesern – und den Besuchern, die sich mehr Zeit nehmen, als nur schnell die Arena anzuschauen, die Piazza Bra zu umrunden und auf der Via Mazzini ein Eis zu essen. Es ist Aperitivozeit, »andar per Goto« nennt man das im hiesigen Dialekt. Das bedeutet: Ein Gläschen genießen, ein Häppchen essen. Kunstvoll belegte Brötchen, appetitanregend drapiert in den Vitrinen der Bars um San Zeno, wo sich die Jugend trifft; und die Alten, die Kinder, die Studenten und neugierige Touristen. Verona ist eine offene Stadt, immer schon Knotenpunkt zwischen Ost und West, Nord und Süd. Händler trafen und treffen sich dort, schon zur Römerzeit und bis heute, vor allem wenn im Frühjahr mit der Vinitaly die weltgrößte Weinmesse stattfindet. »Wir sind froh, dass Touristen da sind«, schmunzelt Silvia Gioco, die charmante Wirtin eines der traditionsreichsten Speiselokale der Stadt, dem »Arche« gleich bei den Skaligergräbern. Wir dürfen ihre ausgezeichneten Sarde in Saor probieren und flanieren dann über die Piazza Dante am Dichter vorbei in eine kleine Gasse. Im »Macafame« (benannt nach der üppigen Veroneser Süßspeise) bringt Fabio erst mal Antipasti zum Biowein von Le Tende, denn Giuliana Tezza begleitet mich. Käse aus den Veroneser Bergen, Schinken und Frittata finden wir nebst süßsaurem Gemüse auf dem Teller. Spätestens bei den federleichten Gnocchi und einem Glas Wein sind wir froh, den Abend hier verbringen zu dürfen.

Als Unterlage dient Toastbrot, doch dann sollten die Häppchen recht zügig serviert werden. Festkrumiges Landbrot ist aber eine stabilere Unterlage für den variantenreichen Belag.

BOCCONCINI FANTASIA DELL'OSTE

HÄPPCHEN ZUM APERITIVO

Thunfischcreme und Ei

Thunfisch in Olivenöl
1–2 EL Mayonnaise oder Mascarpone
etwas Zitronensaft
Salatblätter
hart gekochte Eier

Thunfisch mit Mayonnaise oder Mascarpone sowie Zitronensaft mixen, mit Salz und Pfeffer abschmecken. Wer mag, kann einige Kapern unterheben.

Die Brote mit Salatblättern belegen, mit der Thunfischcreme bestreichen und mit den Eierspalten garnieren.

Mozzarella und gebratene Zucchini

1–2 Zucchini
1–2 frische, junge Knoblauchzehen
Olivenöl
(Büffel-)Mozzarella
frischer Basilikum
Salatblätter

Zucchini längs in dünne Scheiben hobeln, in Olivenöl braten. Knoblauch schälen, würfeln und dazugeben, kurz bevor die Zucchini fertig sind. Alles dünsten und anschließend salzen.

Mozzarella ebenfalls in Scheiben schneiden, mit Salz und Pfeffer würzen. Die Brote etwas rösten und mit Olivenöl beträufeln. Nun mit Salatblättern, Mozzarella, Basilikum und schließlich den gebratenen Zucchinischeiben belegen.

Gorgonzolacreme mit Walnüssen

Gorgonzola
Mascarpone
Pfeffer, frisch gemahlen
Walnüsse, gehackt
einige Salatblätter

Gorgonzola mit Mascarpone verrühren und mit frisch gemahlenem Pfeffer würzen. Walnüsse in einer trockenen Pfanne anrösten, bis sie duften.

Brote mit Salatblättern (gut schmeckt auch Radicchio) belegen, dick mit der Creme bestreichen und mit den Walnüssen bestreuen.

Ein Rezeptklassiker der venezianischen Küche

SARDE IN SAOR

SARDINEN IN ZWIEBELMARINADE

⅛ l Süßwein
2–3 EL Rosinen
1–2 milde Zwiebeln
ca. ¼ l Weißwein
1–2 Lorbeerblätter
1–2 EL kandierte Cedri (> S. 171)
2–3 EL Pinienkerne
300 g Sardinen, küchenfertig
feiner Grieß oder Mehl
2–3 EL Weinessig
Olivenöl
Salz, Pfeffer

Zunächst Rosinen in den Süßwein legen. Dann die Zwiebeln in Scheiben schneiden und in Olivenöl sanft andünsten. Sobald sie weich sind, gießt man etwas Wein an, gibt 1–2 Lorbeerblätter dazu und lässt die Zwiebeln ca. 4 Std. (!) sanft dünsten. Nach und nach fügt man den Weißwein und später den Süßwein zu.

Sardinen innen und außen mit Salz und Pfeffer würzen, in Grieß oder Mehl wenden und in Olivenöl sanft anbraten; mit Essig ablöschen. Die Sardinen mit den Zwiebeln bedecken, die kandierten Cedri klein würfeln und dazugeben. Pinienkerne ohne Fett anrösten, bis sie duften, unterheben und alles zusammen mind. 4 Std. im Kühlschrank durchziehen lassen.

1 Std. vor dem Servieren Zimmertemperatur annehmen lassen, auf knusprigem Brot servieren.

Klippfisch ist gesalzener, luftgetrockneter Kabeljau. Stockfisch wird nur luftgetrocknet.

BACCALÀ MANTECATO

KLIPPFISCHPÜREE

500g Klippfisch
etwas Olivenöl
1 Schalotte
1 Knoblauchzehe
1 l Vollmilch
ca. ⅛ l Sahne
Salz, Pfeffer

Klippfisch ca. 2 Tage wässern, das Wasser immer wieder wechseln.

Schalotte und Knoblauch fein hacken und in Olivenöl bei gemäßigter Temperatur anschwitzen, keinesfalls bräunen. Fisch aus dem Wasser nehmen, gut abtropfen lassen. Zur Zwiebelmischung in den Topf geben und die Milch angießen. Ca. ½ Std. köcheln lassen, bis der Fisch weich ist. Nun am besten mit dem Handrührgerät zu Püree verarbeiten, dabei so viel Sahne zugießen, dass ein cremiges Püree, etwa in der Konsistenz eines Kartoffelpürees, entsteht. Mit Salz und Pfeffer abschmecken und mit Polenta (> S. 140) oder Weißbrot servieren.

Tipp: Es schmeckt natürlich anders, aber man kann das Püree auch aus frischem Fisch (z. B. Zander, Hecht oder Kabeljau) zubereiten. Die Kochzeit verkürzt sich dadurch.

Gut vorzubereiten und sommerlich leicht, da die Auberginen nicht in Öl gebraten werden.

INVOLTINI DI MELANZANE

AUBERGINENRÖLLCHEN

1–2 Auberginen
ca. 100g gekochter Schinken
ca. 100g Formagella di Tremosine in dünnen Scheiben
200g Tomatenpassata (Packung)
Basilikumblätter
Olivenöl
Salz, Pfeffer
Peperoncino
Grana

Auberginen längs in ca. 2 mm dünne Scheiben schneiden oder hobeln. Sie sollten sehr gleichmäßig sein. Auf ein mit Backpapier ausgelegtes Blech geben und bei 170 °C Umluft ca. 10 Min. backen.

In der Zwischenzeit Tomatenpassata mit etwas Olivenöl in einem Topf erhitzen und mit Salz, Pfeffer und Peperoncino abschmecken.

Auberginen etwas abkühlen lassen, zuerst Schinken, dann Käse sowie ein Basilikumblatt darauflegen und einrollen. In eine feuerfeste Form etwas Olivenöl geben. Die Röllchen hineinlegen und mit der Tomatensoße übergießen. Mit frisch geriebenem Grana bestreuen und bei 200 °C 10–15 Min. überbacken.

Heiß oder lauwarm z. B. mit Rucola servieren.

Tipp: Im »Macafame« füllt man die Auberginen mit einer Mischung aus Semmelbröseln, Olivenöl und Grana; wie auf > S. 158 zubereiten.

Das Original ist ein rustikaler Auflauf aus Semmeln, Milch, Äpfeln und Rosinen.

FABIOS MACAFAME

APFELKUCHEN MIT GRAPPA

- *750 g Äpfel (z. B. Elstar oder Boskoop)*
- *Saft und Abrieb von 1 Bio-Zitrone*
- *100 g Sultaninen*
- *1 Gläschen Grappa*
- *125 g weiche Butter*
- *125 g Zucker*
- *1 EL Vanillezucker*
- *1 Prise Salz*
- *3 Eier*
- *2 EL Milch*
- *200 g Mehl*
- *1 Pck. Backpulver*
- *Zimtzucker zum Bestreuen*
- *Butter für die Form*

Zitronensaft bereitstellen, Äpfel schälen und in dünne Scheiben hobeln. Mit dem Zitronensaft vermischen. Sultaninen in Grappa einweichen.

In einer Rührschüssel die Butter mit dem Zucker schaumig schlagen, Vanillezucker, Salz und Zitronenabrieb dazugeben, Eier und Milch unterrühren. Mehl und Backpulver mischen und nach und nach unter den Teig rühren. ⅔ der Äpfel und die Sultaninen unter den Teig ziehen. In eine gefettete Springform geben.

Bei 180 °C Ober-/Unterhitze 15 Min. backen. Dann mit den restlichen Äpfeln dachziegelartig belegen. Etwas Butter zerlassen und die Äpfel damit bestreichen. Kuchen weitere 40 Min. fertig backen; mit Zimtzucker bestreut servieren.

Sapore di Sale

AUSFLUG ANS MEER

MEERESBRISE | Egal ob Adria oder Toskanaküste, das Meer ist nicht weit.

Wer mag, dekoriert mit Sprossen, Blüten oder Kräutern. Beim Fisch bitte darauf achten, dass er aus nachhaltigem Fischfang stammt!

TARTARE DI TONNO

THUNFISCH-TATAR MIT ZITRONENSALSA

ca. 400 g Thunfisch in Sushiqualität
einige Kapern
Salz
weißer Pfeffer
Olivenöl

Zitronensalsa
1 Eigelb
2 EL flüssigen Honig
50 ml Sonnenblumenöl
50 ml Olivenöl
2 EL Crème fraîche
1 Bio-Zitrone, Saft und Abrieb
Salz, weißer Pfeffer

Einige Kapern für die Dekoration beiseitelegen, dann Fisch und Kapern fein hacken. Mit Salz, Pfeffer und Olivenöl abschmecken und 1 Std. im Kühlschrank durchziehen lassen.

Für die Zitronensalsa sollten alle Zutaten Zimmertemperatur haben. Das Eigelb mit dem Honig in einen Pürierbecher geben und verrühren. Dann die beiden Ölsorten langsam mit dünnem Strahl unter ständigem Mixen mit dem Pürierstab dazugeben, bis eine cremige Konsistenz erreicht ist. Anschließend die Crème fraîche, den Zitronenabrieb und etwas Zitronensaft sowie Salz dazugeben, abschmecken.

Hier spielt eigentlich der Salat die Hauptrolle, der auch solo schmeckt. Statt Meeresfisch schmeckt auch geräucherte oder gebeizte Lachsforelle.

INSALATA DI VERDURE CON PESCE AFFUMICATO

GEMÜSESALAT MIT RÄUCHERFISCH

Fisch
ca. 350 g Fischfilet, geräuchert, z. B. Thunfisch oder Lachs

Salat
1 kleiner Kürbis
1 kleine Salatgurke
3–4 getrocknete Tomaten
1 rote Zwiebel
1 Bund Rucola
Schnittlauch in Röllchen

Salatdressing
2–3 EL Olivenöl
2–3 EL Sonnenblumenöl
2–3 EL Zitronensaft
Salz, Pfeffer

Kürbisfleisch in Würfel schneiden, in Olivenöl knackig braten, erkalten lassen. Gurke längs vierteln, entkernen und würfeln. Rucola und Kräuter waschen, trockenschütteln. Zwiebel und Tomaten fein würfeln. Alles mit dem Dressing gut vermischen und durchziehen lassen. Rucola und Kräuter erst kurz vor dem Servieren unterheben.

Das Fischfilet schräg in möglichst große, dünne Scheiben schneiden. Salat in die Mitte setzen, mit der Zitronensalsa von nebenan umgießen, Fisch dazulegen. Mit einigen hübschen Kräuter- oder Salatblättchen garnieren und servieren.

Im Sommer kann man für den Salat statt Kürbis Wassermelonenwürfel verwenden und mit reichlich Minze würzen.

Meeresfrüchte in der Küche
Beim Erwerb von Meeresfischen oder -früchten sollte man immer darauf achten, dass sie aus nachhaltigem Fischfang stammen. Verzehrt man sie roh, müssen sie selbstverständlich absolut frisch sein oder sofort nach dem Fang schockgefrostet werden. Hat man keinen guten »Fischhändler seines Vertrauens« in der Nähe, ist es besser, man weicht auf geräucherte Ware oder regionalen Frischfisch aus.

Eine köstliche Soße, die zu allen Meeresfischen und -früchten passt. Unbedingt echten Safran verwenden! Den gibt es beispielsweise in Pozzolengo im Süden des Gardasees – sogar in Bio-Qualität.

CODA DI ROSPO E GAMBERI IN SALSA DI ZAFFERANO

SEETEUFEL UND GARNELEN MIT SAFRANSOSSE

ca. 300 g Seeteufel
1–2 Knoblauchzehen
4–8 Garnelen
¼ Rezept Polenta
(> S. 140)
etwas Basilikum
Spinat
Butter

Soße
½ l Fischfond
1 Prise Safranfäden
100 ml Crème fraîche
Salz
weißer Pfeffer

Für die Soße den Fischfond in einen Topf geben und bei starker Hitze zum Kochen bringen. Dann die Crème fraîche zugeben und 5 Min. köcheln lassen, bis die Soße sämig ist und an einem eingetauchten Löffel haften bleibt. Schließlich die Safranfäden einrühren und mit Salz und Pfeffer abschmecken. Kurz vor dem Servieren mit dem Schneebesen oder Pürierstab aufschlagen.

Für die Kräuterpolenta Basilikum fein hacken und unter die fertige Polenta heben. Die Masse gleichmäßig etwa 1 cm dick auf ein geöltes Blech streichen und fest werden lassen. Dann nach Belieben Halbmonde ausstechen und beiseitestellen.

Spinat waschen, tropfnass in etwas Butter zerfallen lassen und vorsichtig mit Salz würzen. Die Polentastücke in Butter braten und bis zum Servieren warm stellen.

Die Garnelen in Olivenöl braten, dabei etwas Knoblauch dazugeben; das Öl sollte keinesfalls zu heiß sein. Dann die Seeteufelstücke einige Minuten mitziehen lassen, leicht salzen.

Zum Anrichten Spinat in die Mitte setzen, die Polentastücke dazulegen, Fisch und Garnelen auf dem Spinat hübsch anrichten und mit der Soße umgießen.

Tipp: Auch Süßwasserfische wie Schleie, Barsch oder Zander können für dieses Gericht verwendet werden.

Die Salsa verde passt zu vielen Gerichten wie Eierspeisen, kaltem Braten und Gemüse.

OCTOPUS E GAMBERI CON RAPE MARINATE E SALSA VERDE

OKTOPUS UND GARNELEN MIT GELBER BETE UND SALSA VERDE

2 Oktopus-Tuben, in Streifen geschnitten
4 große Garnelen
Olivenöl
500g Gelbe Bete
100ml Weißweinessig
Salz, Zucker

Salsa verde
50ml Weißweinessig
3EL Petersilie, gehackt
2EL Kapern, gehackt
1–2 Sardellenfilets, gehackt
Olivenöl
Pfeffer

Am Vortag Gelbe Bete schälen und auf dem Hobel dünn aufschneiden. Einen Fond aus Weißweinessig, etwas Wasser, Zucker und Salz herstellen, über die rohen Gemüsescheiben gießen und über Nacht im Kühlschrank marinieren. Kann auch in größerer Menge hergestellt werden, hält sich mehrere Tage.

Für die Salsa verde alle Zutaten verrühren und so viel Olivenöl zugießen, dass eine sämige Soße entsteht, abschmecken.

Oktopus und Garnelen in Olivenöl braten. Wer mag, gibt etwas Knoblauch dazu. Dann mit Kräutern, Salaten, Bete-Scheiben und Salsa verde anrichten.

Corvina ist die Rebsorte, aus der Amarone entsteht. Die Trauben werden angetrocknet und dann erst gepresst. Aber auch im Bardolino DOC ist Corvina eine der bestimmenden Rebsorten.

GUANCIA DI MANZO BRASATA ALL'AMARONE

RINDERBÄCKCHEN IN AMARONE

4 Rinderbäckchen
2–3 Karotten
1 Zwiebel
1–2 Stangen Bleichsellerie
Olivenöl
1 Flasche Amarone
einige Zweige Salbei
Rosmarin
Salz, Pfeffer
ca. ¾ l Fleischbrühe

Die Rinderbäckchen zunächst 10 Min. in leicht gesalzenem Wasser kochen, mit einem Sieblöffel herausheben. Anschließend überschüssiges Fett entfernen. Karotten und die Zwiebel schälen und – ebenso wie den Bleichsellerie – in sehr feine Würfel schneiden. In Olivenöl anbraten, dann die Bäckchen zufügen, den Wein angießen und aufkochen, bis ein Großteil des Weines verdampft ist. Dann Brühe angießen, sodass die Bäckchen bedeckt sind, und Kräuter zufügen. Nicht oder kaum salzen, da die Brühe später eingekocht wird.

Auf kleiner Flamme nun 2,5–3 Std. köcheln lassen. Die Bäckchen sind gar, wenn man sie mit einer Gabel leicht einstechen kann. Die Bäckchen warm stellen und die Brühe einkochen lassen, sodass eine dichte Soße entsteht. Mit Salz und Pfeffer abschmecken. Die Bäckchen dann in Scheiben von ½ cm schneiden, mit der Soße überziehen und mit Polenta (> S. 140) oder Gemüse der Saison servieren.

Tipp: Man muss für dieses Gericht natürlich nicht unbedingt Amarone verwenden, aber ein guter, kräftiger Rotwein sollte es schon sein. Man sollte niemals schlechten Billigwein zum Kochen verwenden.

Die Brühe kann man aus Suppenknochen selbst kochen – einfach nur in Wasser viele Stunden köcheln lassen.

Auf verschlungenen Pfaden

ODER: DIE LEGENDE DER TORTELLINI

AM MINCIO | Das Mühlendorf Borghetto ist einen Besuch wert.

Im Städtchen Valeggio, am Fluss Mincio gelegen, gibt es eine Spezialität, die sich Genießer nicht entgehen lassen sollten: Tortellini di Valeggio. Tortellini bedeutet »kleine Törtchen«. Es handelt sich um gefüllte Teigtaschen ähnlich Ravioli, nur kleiner. Die berühmten Tortellini di Valeggio sind winzig. Als »Bauchnabel der Venus« oder »Nodo d'Amore« – wörtlich Liebesknoten – werden sie bezeichnet. Man wundert sich, wie die Köchinnen der Restaurants mit solcher Präzision derart kleine Kunstwerke von Hand formen können. In unglaublicher Geschwindigkeit werden kleine Kügelchen der Füllung auf Teigstückchen gesetzt und in Windeseile zusammengefaltet. Die Frauen ratschen dabei und der Zuschauer stellt staunend fest, dass sie nicht einmal genau hinsehen. Millionenmal gemacht, sitzt jeder Handgriff.

Was die Liebesgöttin damit zu tun hat? Die Geschichte geht zurück ins 14. Jahrhundert, als die Adelsfamilien der oberitalienischen Städte um ihre Vorherrschaft kämpften: die Scaliger aus Verona, die Gonzaga aus Mantua oder die Mailänder Visconti. Ein Soldat der Visconti-Truppen war in Valeggio stationiert und verliebte sich in ein Mädchen. Sie flohen gemeinsam ins Mincio-Tal und hinterließen zum Zeichen ihrer Liebe ein goldenes Seidentüchlein, zum Knoten gebunden … Seither stellen die Mädchen des Ortes Törtchen aus goldenem Teig mit einer köstlichen Füllung aus verschiedenen Fleischsorten, Gemüse und Kräutern her.

Antipasti di Terra

EIN VORSPEISEN-MENÜ

In der Trattoria Fornello bei Valeggio sul Mincio biegt sich der Tisch so langsam, Teller für Teller wird gebracht. »Antipasti« bedeutet »vor der Pasta« – hier wird beinahe ein Menü daraus. Hausgebeizter Lardo, würzige Salami und sorgfältig ausgesuchter Schinken finden sich auf der linken Seite auf dem ersten Teller. Dazu wird eingelegtes Gemüse gereicht, selbstverständlich auch aus eigener Produktion (> S. 85) oder Mostarda (> S. 97).

KÖSTLICHE KLEINIGKEITEN

Auf dem zweiten Teller sieht man (im Uhrzeigersinn) Auberginenröllchen (> S. 60, in der mit Schinken und Käse gefüllten Version), Radicchio in Speck, gefüllte Backpflaumen, Quiche und Frittata.

Statt Radicchio wird manchmal Chicorée verwendet, den man in Spalten schneidet, mit Pancetta umwickelt und in Ofen oder Pfanne knusprig brät. Die Backpflaumen füllt man mit einem Würfel würzigem Käse – zum Beispiel dem Räucherkäse Scamorza –, wickelt sie ebenfalls in Pancetta oder Coppa und brät sie. Sie schmecken warm am besten. Die Frittata wird mit gekochten und in Scheiben geschnittenen Kartoffeln und Oliven oder eingelegten Artischocken angereichert und im Ofen bei 180 °C ca. 20 Min. gebacken. Dann lässt man sie etwas abkühlen und schneidet sie in Würfel. Im Frühling gibt es manchmal Spargel; mal grün, mal weiß. Man wickelt die Spargelstangen in milden gekochten Schinken, legt sie nebeneinander in eine Form, umgießt mit Béchamel-Soße (> S. 84), bestreut mit etwas geriebenem Grana und gratiniert sie im Ofen. Im Herbst und Winter kommt auch mal geschmolzener Käse mit Trüffel dazu. Dafür milden Käse wie zum Beispiel Formagella di Tremosine in Scheiben schneiden, auf einen ofenfesten Teller legen, dann lässt man den Käse schmelzen und hobelt Trüffel darüber.

Eine zarte Eimasse, die mit Oliven verfeinert ist. Schmeckt auch mit Kräutern, klein geschnittenen, eingelegten Artischocken oder Pilzen.

FLAN ALLE OLIVE E SCAMORZA

OLIVENFLAN MIT SCAMORZA

4 Eier
ca. 150g Grana, frisch gerieben
ca. 100g Oliven, grün oder schwarz, gehackt
125g Sahne
Salz, Pfeffer
Muskatnuss
Butter
1 Portion Käsesoße (> S. 21)
etwas Olivenöl

Eier und Käse verrühren, Sahne steif schlagen und unterheben. Dann die Oliven dazugeben und mit Salz, Pfeffer und Muskatnuss abschmecken.

Vier ofenfeste Portionsförmchen mit zerlassener Butter auspinseln und die Masse auf ca. ¾ Höhe einfüllen. Ofen auf 180 °C vorheizen, währenddessen die Förmchen in ein Wasserbad setzen. Abschließend den Flan ca. 20 Min. backen.

Käsesoße auf vorgewärmte Teller geben und je einen Flan in die Mitte setzen, mit ganz wenig Olivenöl umgießen. Sofort servieren.

Hierfür sollte man Rindfleisch bester Qualität vom »Metzger des Vertrauens« verwenden, dazu unbedingt bestes Olivenöl.

TARTARE DI MANZO

RINDERTATAR, SENF, KAPERN UND ROTE ZWIEBELN

400g bestes Rindfleisch, z. B. aus der Lende
1 milde rote Zwiebel
2–3 EL Kapern
2–3 EL Dijon-Senf
Salz, Pfeffer
Muskatnuss
frische Kräuter
Salatblätter
Kirschtomaten

Das Fleisch mit dem Messer fein hacken. Nur so bekommt es die unnachahmliche Konsistenz. Keinesfalls sollte das Fleisch durch den Wolf gedreht oder gar gemixt werden!

Zwiebel schälen, für die Dekoration einige Ringe schneiden, den Rest sehr fein hacken, ebenso wie die Kapern. Beides mit etwas Olivenöl unter das Fleisch heben, mit Senf und Gewürzen abschmecken und ca. 20 Min. im Kühlschrank durchziehen lassen.

Salatblätter und Kräuter für die Dekoration putzen, waschen und dann wie auf dem Foto anrichten. Salz(flocken), Pfeffermühle und bestes Olivenöl an den Tisch stellen, so kann jeder individuell nachwürzen.

Dazu passt frische Ciabatta.

Mediterranes Flair in südlichen Hügeln

Hülle & Fülle

KÜCHENTRICKS VON KÖCHINNEN UND HAUSFRAUEN

In Valeggio sollen die Tortellini erfunden worden sein, die Törtchen aus zartestem Nudelteig mit würziger Füllung. Woanders heißen sie Ravioli, Agnolini …, jedenfalls handelt es sich um kleine Kunstwerke aus hausgemachtem, hauchdünnem Teig mit köstlicher Füllung. Zu kompliziert für zu Hause? Überhaupt nicht, sofern man weiß, worauf man achten muss. Und wie so oft: Es ist viel einfacher als gedacht. Hier die Tipps von Loredana und ihren Mitstreitern.

Wenn jemand das erste Mal zu Hause Tortellini machen möchte, worauf sollte geachtet werden?

Loredana Cenzon: Oh, ganz wichtig: Macht es das erste Mal auf gar keinen Fall allein! Erstens: Man sollte Tortellini überhaupt nie alleine machen. Warum? Weil es so unterhaltsamer ist. Aber zweitens: Man muss sehr schnell arbeiten, damit der Teig nicht antrocknet und die Tortellini dann nicht mehr zusammenhalten. Dann öffnen sie sich beim Kochen und die Füllung landet im Kochwasser.

Was ist beim Teig zu beachten?

Die Zutaten müssen unbedingt Zimmertemperatur haben, sonst wird das ein entsetzlich zäher Teig. Außerdem wichtig: Gute Eier nehmen, denn sie geben dem Teig Geschmack! Das Ausrollen macht man am besten mit einer Nudelmaschine. Schon mit den kleinen handbetriebenen Haushaltsmaschinen erzielt man gute Erfolge. Aber da fängt es schon an: Zu Beginn hat man kleine Teigstücke, die man immer und immer wieder durchlaufen lässt. Wichtig dabei ist, den Teig immer wieder zu drehen, also nicht jedes Mal in der gleichen Richtung durch die Rollen zu geben. Zum Schluss, nach mehreren Durchgängen, sollte ein sehr dünner Teig entstanden sein, durch den man die Zeitung lesen können sollte (lacht). Allerdings bräuchte man drei Hände, also ist Teamwork angesagt. Einer dreht die Kurbel, die andere Person gibt den Teig zwischen die Rollen und fängt ihn am anderen Ende wieder auf.

Und dann muss man schnell arbeiten?
Ja, jetzt haben wir eigentlich die Reihenfolge vertauscht. Die Füllung sollte unbedingt bereitstehen, bevor man beginnt, den Teig auszurollen.

In Ordnung, aber nehmen wir mal an, die Füllung stand bereit.
Dann radelt man mit dem Teigrad Quadrate aus, setzt eine kleine Portion Füllung in die Mitte, klappt zu einem Dreieck zusammen und drückt die Ränder gut fest. In der Mitte darf überdies nicht zu viel Luft sein. Außerdem würde ich empfehlen, es beim ersten Mal bei Dreiecken zu belassen. Für Tortellini muss der Teig extrem dünn sein, so dass er nicht bricht, aber dort, wo er mehrlagig zusammengefaltet wurde, trotzdem dünn genug ist. Das erfordert Übung und Erfahrung.

Gut, jetzt zur Füllung oder zu den vielen Varianten.
Varianten gibt es unzählige, da kann man seine Kreativität frei entfalten. Es gibt Füllungen auf Fleisch-, Käse- oder Gemüsebasis, wie bei den Kürbis-Tortelli aus Mantua (> S. 78), dann natürlich welche mit Fisch und viele Kombinationsmöglichkeiten.

Womit beginnen Anfänger am besten?
Ich würde eine Füllung aus Ricotta und Kräutern empfehlen. Sie macht kaum Arbeit und man kann sich aufs Zubereiten konzentrieren. Man nimmt Ricotta, egal ob von Kuh, Ziege oder Schaf, würzt mit Kräutern wie Basilikum oder Thymian und gibt ein paar Löffel frisch geriebenen Grana dazu.

Wichtig ist für alle Füllungen: Die Masse darf nicht feucht sein und sie sollte kompakt und formbar sein. Das ist auch bei den klassischen Fleischfüllungen wichtig.

Und wie macht man die?
Man schneidet 1 Zwiebel, 1 Karotte sowie 2 Selleriestangen und 1 Knoblauchzehe fein, dünstet in Butter an. Dann gibt man je 200 g Schweine- und Kalbfleisch und 100 g Hühnerbrust in Würfel geschnitten dazu, dünstet alles weiter in Butter an und löscht mit ½ Liter Wein ab. Dann lässt man das Ganze rund 3 Stunden schmurgeln, würzt mit Salz, Pfeffer und Muskatnuss. Jetzt zerkleinert man Petersilie und dreht alles zusammen durch den Fleischwolf. Man gibt geriebenen Grana dazu und schmeckt kräftig ab. Man kann auch Hühnerleber dazugeben oder nur Kalbfleisch und gekochten Schinken – da hat jeder sein Hausrezept. Serviert werden sie auf jeden Fall nur mit zerlassener Butter, etwas Salbei und frischem Grana.

HANDARBEIT | Etwas Übung braucht man schon, aber mit den richtigen Tipps und Tricks gelingen die Tortellini auch zu Hause.

Eine klassische Füllung der Teigkringel, eine regelrechte Vermählung zweier Produkte, die rund um Mantua Tradition hat: die tieforangegelbe, mürbe Kürbissorte »Delica« und Mostarda Mantovana.

TORTELLI DI ZUCCA: KULINARISCHER AUSFLUG NACH MANTUA

TORTELLI MIT KÜRBISFÜLLUNG

Füllung
1,5 kg Kürbis (idealerweise die Sorte »Delica«)
2–3 EL Mostarda Mantovana (> S. 97)
100 g Amarettini
Abrieb von 1–2 Bio-Zitronen
Muskatnuss, Salz, Pfeffer
50 g Grana oder Parmesan, frisch gerieben

Teig
400 g Mehl
4 Eier
Salz, Olivenöl

zum Anrichten
Butter
frischer Salbei
Grana, frisch gerieben

Den Kürbis schälen und das Fruchtfleisch in Spalten schneiden. Im Ofen bei 180 °C etwa 20 Min. backen. Inzwischen die Mostarda klein hacken, die Amarettini fein zerbröseln. Das Kürbisfleisch aus dem Ofen nehmen, wenn es weich ist, pürieren und etwas abkühlen lassen. Mostarda und Amarettini zugeben, mit frisch geriebener Muskatnuss, Zitronenabrieb, Salz und Pfeffer würzen. Den Käse zugeben und durchziehen lassen. Nochmals abschmecken; sollte die Masse zu weich sein, weiteren Käse unterziehen.

Für den Teig Mehl auf die Arbeitsfläche geben, eine Mulde formen, Eier, Salz und Öl zugeben, mit einer Gabel verrühren. Dann alle Zutaten zu einem glatten Teig verkneten und diesen 15 Min. in Folie verpackt ruhen lassen. Danach mit einem Nudelholz oder der Nudelmaschine zu dünnen Teigblättern ausrollen.

Mit einem gezackten Teigrad Quadrate von ca. 7–8 cm Kantenlänge ausradeln und ggf. mit einem feuchten Tuch bedecken. Dann auf jedes Quadrat ein kleines Häufchen Füllung geben und schnell zu einem Dreieck schließen; dabei darauf achten, dass die Teigränder gut verschlossen sind. Nun das Dreieck zu Tortelli formen.

Einen großen Topf mit Wasser aufsetzen und salzen.

In einer Pfanne reichlich Butter zerlassen, die Salbeiblätter dazugeben und unter Rühren kross braten.

Die Tortelli in das siedende Wasser geben und kochen lassen, bis sie zur Oberfläche steigen. Mit einem Sieblöffel herausheben, abtropfen lassen und in der Salbeibutter durchschwenken. Mit frisch geriebenem Grana servieren.

Delica ist eine Kürbissorte mit gelbem, süßem Fruchtfleisch und grüner Schale. Man kann auch Hokkaido-Kürbis verwenden.

CREMA DI ZUCCA ALLA ELENA

ELENAS KÜRBISCREME

Kürbis, eine süße Sorte, z. B. Delica
Rohrohrzucker
1–2 EL Zitronensaft
1 TL Fenchelsamen, getrocknet
Salz

Den Kürbis im Ganzen im Ofen backen, bis er gar ist (die Gardauer hängt von der Größe und der Sorte ab).

Quer einen Deckel abschneiden, zunächst die Kerne entfernen, anschließend das Fleisch in einen Topf geben. Auf 1 kg Kürbisfleisch kommen 300 g Zucker. Gut verrühren, bis sich der Zucker weitestgehend auflöst. Mit Zitronensaft, etwas Salz und Fenchelsamen abschmecken. Die Masse wieder zurück in den Kürbis geben und nochmals erwärmen.

Heiß, lauwarm oder kalt servieren.

Tipp: Passt bestens zu Käse oder als Aufstrich auf Crostini.

Eine delikate Variante des täglichen Brots … Tipp eines Sternekochs aus Südtirol: Man kann auch Püree von Knollensellerie verwenden.

PANE DI ZUCCA

KÜRBISBROT

500 g Mehl
½ Würfel Hefe
⅛ l Milch oder Wasser
1 TL Zucker
1 TL Salz
ca. 500 g Kürbis, geputzt gewogen
1 Handvoll Kürbiskerne

Mehl in eine Schüssel geben, eine Mulde eindrücken. Hefe hineinbröseln, Milch leicht erwärmen und darübergießen, Zucker zufügen und zu einem Vorteig rühren. Gehen lassen.

In der Zwischenzeit den Kürbis würfeln, mit ganz wenig Wasser weich kochen und etwas abkühlen lassen. Dann Kürbispüree sowie Salz zum Mehl geben und zu einem elastischen Teig kneten. Bei Bedarf noch etwas Wasser zufügen. Wieder gehen lassen, bis sich der Teig verdoppelt hat.

Kürbiskerne in einer Pfanne ohne Fett anrösten, bis sie duften und abkühlen lassen.

Die Kerne zum Teig geben, nochmals durchkneten, zu einem Brot formen und – ggf. in einer Kastenform – ca. 45 Min bei 180 °C backen.

Tipp: Brot zu dünnen Brotcroûtons oder in Würfel schneiden und knusprig toasten bzw. braten. Zu Salat und Vorspeisen reichen.

Schnelles Slow Food

TAKE-AWAY DER BESONDEREN ART

GENIESSERPARADIES | Mutter und Tochter bieten hausgemachte Spezialitäten in erstaunlicher Vielfalt an.

Ganz unscheinbar ist der Laden an der Ecke des Rathausplatzes in Monzambano, gegenüber der Bar. Ein Fehler, wenn man vorbeigeht oder hinter dem Namen »Take Away Guandalini« vermutet, hier gäbe es Pommes und Burger.

Wer eintritt hat nur ein Problem: Die Qual der Wahl. Denn in den Vitrinen stapeln sich Köstlichkeiten, frisch zubereitet von Loredana, die lange Zeit eine Trattoria im nahen Birbesi in der Po-Ebene betrieben hat. Doch dann heiratete die Tochter, zog nach Monzambano und die beiden beschlossen, gemeinsam etwas auf die Beine zu stellen. Loredana sichtete ihre Rezepte aus der Trattoria-Zeit und überlegte: Was kann man oder muss man sogar vorbereiten und zuhause dann aufwärmen oder kalt genießen? Die Liste ist enorm, man findet sie auf der Internetseite und kann vorbestellen. Im Laden wird täglich eine Auswahl davon angeboten: frische Pasta und hausgemachte Soßen dazu, Tortellini mit verschiedenen Füllungen, ofenfertige Lasagne-Variationen. Eine Spezialität sind die köstlichen, hauchzarten Crespelle, kreativ gefüllt mit Gemüse der Saison, verschiedenen Käsesorten und manchmal aus würzigem Buchweizenmehl hergestellt. Das gefüllte Perlhuhn ist ein Gedicht, das zarte Roastbeef exzellenter Qualität ebenso. Es gibt eine Vielfalt von Antipasti vom selbst eingelegten Fisch bis zur knackfrischen Giardiniera. Alles ist hausgemacht mit regionalen Zutaten nach traditionellen Rezepten, denen Loredana mit viel Können ihre eigene Handschrift verliehen hat.

Francesca lacht: »Viele meinen, es handelt sich um ein Industrieprodukt und ist zugekauft. Aber es ist wirklich ganz einfach …«

CARPACCIO DI POLPO

CARPACCIO VOM OKTOPUS

1 Oktopus von ca. 1,5 kg, küchenfertig vorbereitet

Sud

1–2 Lorbeerblätter
Zweige von Estragon oder Thymian
einige Pfefferkörner
Schale von 1 Bio-Zitrone
Olivenöl
Tomatenwürfel

Wasser aufkochen, mit Kräutern (Lorbeer, Thymian, Estragon) würzen, Pfefferkörner und Zitronenschale zugeben. Die Krake hineingleiten lassen und etwa 40 Min. leise sieden lassen, bis alles weich ist. Im Sud etwas abkühlen lassen, noch gut warm herausholen und zu einem länglichen Paket drehen. Sehr fest in Folie packen, abkühlen lassen. Dann am besten über Nacht im Kühlschrank durchziehen lassen. Der Oktopus wird dabei schön fest, sodass man ihn gut aufschneiden kann.

Zum Servieren quer in dünne Scheiben schneiden und mit etwas Olivenöl und frischen Tomatenwürfeln servieren.

Perlhühner haben ein aromatisches Fleisch, etwas dunkler und kräftiger als das von Hühnchen, das aber auch verwendet werden kann, genauso wie Ente bzw. Entenkeulen.

FARAONA RIPIENA ARROSTO

GEFÜLLTES PERLHUHN AUS DEM OFEN

Füllung

100g Semmelbrösel
100g Butter
250g Salamella (ersatzweise rohes Wurstbrät, mediterran gewürzt)
200g Grana, frisch gerieben
2 Eier
Petersilie
Knoblauch
Salz
Pfeffer

Perlhuhn

1 Perlhuhn, entbeint
4 Scheiben Pancetta
Rosmarin
Salbei
100g Butter
Olivenöl

Zunächst die Füllung zubereiten. Dazu Butter in einem Topf zerlassen und die Semmelbrösel anrösten. Petersilie und Knoblauch fein schneiden – wie viel man nimmt, ist Geschmackssache. Die Salamella zerpflücken und mit allen anderen Zutaten zugeben, gut vermischen und mit Salz und Pfeffer abschmecken.

Das Perlhuhn vollständig entbeinen. Dafür jeweils die äußeren Teile der Schenkel und Flügel sowie den Hals abschneiden. Das Perlhuhn am Rücken aufschneiden und mit einem scharfen, spitzen Messer alle Knochen entfernen (aus denen man zusammen mit Suppengemüse eine Brühe kochen kann) und die Flügel und Schenkel so nach innen ziehen, dass eine flache Scheibe entsteht. Nun mit der Haut nach unten ausbreiten, Füllung in einer Rolle darauflegen und einrollen. Das Perlhuhn mit den Pancettascheiben einkleiden. Olivenöl, Butter, einige Blätter Salbei sowie Rosmarin zusammen mit dem gefüllten Huhn in einen Bräter geben. Bei 180 °C etwa 1,5 Std. braten.

Warm oder kalt servieren.

Tipp: Selbstverständlich kann man das Perlhuhn auch füllen und auf die gleich Weise braten, wenn man es nicht entbeint. Zum Servieren dann mit der Geflügelschere vierteln. Entbeint man das Huhn, kann man es in schöne Scheiben schneiden und auch kalt servieren.

Buchweizen ist eigentlich eine Grasart, kein Getreide, und kommt mit kargen Böden gut zurecht. Insbesondere in den Bergen wird er angebaut, wie z. B. im Trentino.

CRESPELLE DI GRANO SARACENO CON RADICCHIO ROSSO E TALEGGIO

BUCHWEIZEN-PFANNKÜCHLEIN MIT RADICCHIO UND TALEGGIO

Teig
½ l Milch
2 Eier
25 g Butter
200 g Buchweizenmehl
1 Prise Salz
Butter zum Braten

Füllung
500 g Radicchio
1 Schalotte
etwas Rotwein
250 g Taleggio, gewürfelt
200 g Mozzarella, in Scheiben geschnitten
100 g Grana, frisch gerieben
etwas Olivenöl
Salz, Pfeffer, Muskatnuss

Béchamel-Soße
½ l Milch
30 g Buchweizenmehl
50 g Butter
Salz, Muskatnuss

Die Butter schmelzen und wieder etwas abkühlen lassen. Dann alle Zutaten mit dem Schneebesen zu einem glatten Teig verrühren und 30 Min. im Kühlschrank ruhen lassen.

In einer beschichteten Pfanne etwas Butter zerlassen und bei hoher Temperatur möglichst dünne Küchlein ausbacken, ca. 2 Min. pro Seite. Insgesamt sollten es 12 Crespelle sein. Beiseitestellen.

Für die Füllung die Schalotte schälen, fein würfeln und in etwas Olivenöl andünsten. Radicchio putzen, in feine Streifen schneiden, ebenfalls in die Pfanne geben und einige Min. mitdünsten. Dann einen Schuss Rotwein zugeben und mit Salz, Pfeffer und Muskatnuss abschmecken.

Für die Béchamel-Soße die Milch erhitzen. In einem weiteren Topf Butter zerlassen, Mehl einrühren und mit der heißen Milch aufgießen, dabei ständig rühren. Salz und Muskatnuss zufügen und unter gelegentlichem Rühren weitere 20 Min. köcheln lassen.

Schließlich etwas von der Béchamel-Soße in eine flache Auflaufform geben. Nacheinander die Buchweizenküchlein jeweils mit etwas Béchamel bestreichen, etwas vom vorbereiteten Radicchio, von den Taleggiowürfeln und Mozzarellascheiben daraufgeben und mit etwas Grana bestreuen. Zweimal falten, sodass Dreiecke entstehen; diese dachziegelartig in die Auflaufform legen. Zum Schluss den Rest Grana darübergeben und bei 180 °C 20 Min. backen.

Als Vorspeise, zu Salami, kaltem Braten oder auch einfach so. Eine Giardiniera ist eine Köstlichkeit.

GIARDINIERA IN AGRODOLCE

EINGELEGTE GARTENGEMÜSE

500 g Schalotten
500 g Paprika
500 g Karotten
500 g Fenchel
500 g Blumenkohl
½ l guter Weißweinessig
½ l Sonnenblumenöl
50 g grobes Meersalz
100 g Zucker

Alle Gemüse waschen, putzen und in mundgerechte Stücke teilen. In einem großen Topf Essig, Öl, Salz und Zucker zum Kochen bringen.

Alle Gemüse nacheinander (!) darin knapp gar kochen und mit einem Sieblöffel herausnehmen. Man beginnt mit den Schalotten, dann folgt der Fenchel und anschließend alle anderen Gemüse.

Schließlich alle Gemüsesorten mit der Kochflüssigkeit mischen und abkühlen lassen. Im Kühlschrank halten sie sich so mehrere Tage.

Reife Leistung

WO AUS MILCH KUNST ENTSTEHT

Wie viele Kilo Käse hier lagern, frage ich … »Kilo? Ich frage mal, wie viele Laibe hier lagern«, meint Virna Predari und ruft nach ihrem Kollegen. Sie fragt wörtlich: »Quante bambine ne hai?«, »Wie viele Babys hast du hier?« Mirko lächelt und meint: »Im Moment sind es etwa 35 000.« Ich beginne zu rechnen: 35 000 Laibe Grana, am Anfang wiegt einer etwas mehr als 40 Kilo. 500 Liter Milch braucht man für jeden dieser mächtigen Laibe. Dies bedeutet, man benötigt enorm viel Milch, weshalb Grana-Käse auch fast ausschließlich in Genossenschaftskäsereien produziert wird. Hier in Cerlongo, wenige Kilometer südlich der Gardasee-Moränenhügel gelegen, liefern 20 Mitglieder die Milch, viele davon arbeiten inzwischen biologisch.

Die Milch wird von erfahrenen Käsemeistern verarbeitet, mit Lab versetzt und der Käsebruch wird hergestellt, der schließlich zu Laiben geformt wird. Je kleiner die Körnung des Käsebruchs, desto härter ist hinterher der Käse. Beim Grana haben die Stücke nur noch die Größe eines Getreidekorns, daher der Name. Dann reifen die Laibe 18 Tage in Salzlake und kommen schließlich in die Hände von Mirko und seinen Kollegen. Mindestens neun Monate muss ein Laib lagern, bis er als »Grana Padano« verkauft werden darf, doch die besten Laibe, die »Riserva«, werden mindestens 20 Monate in den Reifelagern gepflegt. Eine Maschine übernimmt heute die ehemals sehr anstrengende Arbeit, die Laibe aus den Regalen zu nehmen, rundherum zu bürsten und wieder zurückzulegen. Ganz besonders perfekte Laibe lagern hier bis zu 36 Monate.

Ob Grana Padano, Parmigiano Reggiano oder Trentingrana spielt im Prinzip keine Rolle. Wichtig ist, dass die Tiere artgerecht gehalten werden und ausschließlich Heu bzw. Gras zu fressen bekommen. Wobei der Begriff »Gras« hier viel zu kurz greift. In der Gegend um Mantua gibt es seit einigen Jahren das Projekt der »Prati stabili« – der Weideflächen, die nicht eingesät werden. Hier siedeln sich wieder Wildkräuter an – mindestens 60 pro Quadratmeter werden inzwischen gezählt. Dies bedeutet: bestes Futter für die Kühe, die die beste Milch geben, Blüten für Insekten, pflanzliche Biodiversität.

BLITZSAUBER | Jeder Laib wird regelmäßig geputzt und gebürstet. Die besten lagern bis zu 36 Monate.

Mit Leben gefüllt

JUNGE IDEEN IM ALTEN PALAZZO

GESCHWISTER | Silvia und Paolo gründeten die Enoteca Gonzaga.

Der Zugang zum historischen Kern Voltas ist fast ein wenig versteckt: eine schmale Gasse auf der einen, ein Torbogen auf der anderen Seite. Schreitet man hindurch, betritt man eine eigene Welt, abends, wenn das gedämpfte Licht von Laternen das alte Gemäuer erleuchtet. Durch eine Toröffnung scheint Licht, auf dem geschmiedeten Schild, im Dunkeln kaum zu erkennen, liest man »Enoteca Gonzaga«. Durch einen kleinen Vorhof, wo man lange noch draußen sitzen kann, hört man Gläser klirren, sanften Jazz oder Rockklassiker, nicht laut, aber gut. Dann riecht man den Duft aus der Küche, tritt ein und kommt vom tiefen Mittelalter in einer quirligen, lebendigen Gegenwart an. Junge Leute nämlich, voran die Geschwister Silvia und Paolo, haben vor noch nicht allzu langer Zeit die Enoteca eröffnet. Die Gemeinde renovierte den Palazzo der Gonzaga, der sich die ganze Straße entlangzieht. Weiter unten ist das Rathaus untergebracht, die historischen Säle kann man besichtigen und es wurde ein Museum eingerichtet, denn man entdeckte die Burgküche, die Vorratsräume und darin jede Menge Geschirr, Töpfe, Besteck. Oben bei den Ragazzi in der Enoteca oder im Barockgarten gibt es heute Weine und Craft-Biere der Gegend, dazu vom Frühstück über Mittagessen bis zur Aperitivozeit und in den Abend hinein trendige Küche und handverlesene regionale Spezialitäten. Kaum vorstellbar, dass die Räume jahrzehntelang leer standen und Kompliment für die gelungene Wiederbelebung!

FEIERLAUNE | In mittelalterlichen Gewölben wird heute gefeiert und gespeist. Die jahrhundertealten Prachträume und die historische Küche des Palazzo kann man besichtigen.

Das Hefebrot wird oft mit Oliven oder Kirschtomaten oder auch Kräutern gebacken.

Schiacciata bedeutet »gequetscht«, weil man den Teig mit den Händen unregelmäßig auszieht.

FOCACCIA ALLE OLIVE

FLADENBROT MIT OLIVEN

900g Mehl
100g Hartweizengries
½ Würfel Hefe
200ml Olivenöl
20g Salz
½l Wasser
einige Kirschtomaten
einige Oliven, entsteint
2EL Butter
2EL Olivenöl
etwas Knoblauch, gehackt

Die Mehlsorten vermengen, die Hefe in etwas lauwarmem Wasser auflösen. Olivenöl und Salz ins Mehlgemisch rühren, dann das Wasser nach und nach zugeben. Es sollte ein elastischer Teig entstehen, der sich vom Schüsselrand löst. Teig nun etwa 2–4 Std. bei Raumtemperatur gehen lassen. Erneut durchkneten und nochmals gehen lassen.

Ein Backblech mit Olivenöl einfetten, Teig ausziehen und darauf geben. Dann Oliven bzw. Tomaten gut in den Teig eindrücken und nochmals gehen lassen. Bei 180°C goldgelb backen. Kurz bevor die Focaccia fertig ist, Butter zerlassen, Olivenöl und Knoblauch zugeben, kurz ziehen lassen und auf die Focaccia streichen.

SCHIACCIATA

KNUSPRIGES FLADENBROT

500g Mehl
½ Würfel Hefe
1TL Zucker
50ml Milch
50ml Weißwein
1TL Salz
150ml Olivenöl, eher mehr

Hefe in 200ml lauwarmem Wasser auflösen, den Zucker einrühren und etwas stehen lassen. Mehl in eine Rührschüssel geben, eine Mulde formen und die Hefe-Flüssigkeit dazugeben, mit einer Gabel mit etwas Mehl vermischen und 15 Min. gehen lassen. Dann Milch und Wein sowie das Salz zugeben und alles zu einem elastischen Teig verkneten. Jetzt ca. 1 Std. bei Zimmertemperatur gehen lassen.

Ein Backblech mit reichlich Olivenöl ausgießen, den Teig darauf geben und mit den Händen auf die Größe des Blechs ausziehen. Es sollte ein recht dünner Fladen von ca. ½cm entstehen. Dabei ruhig Dellen eindrücken. Dann bei 220°C im vorgeheizten Ofen in ca. 20 Min. hell ausbacken.

Die Schiacciata in Stücke schneiden und zum Beispiel mit Salatblättern und Mortadella belegen.

SCHMALZGEBÄCK | Die Lattughe gibt es jedes Jahr im Fasching.

Die Seele des Hauses

FAMILIENREZEPTE VOM BAUERNHOF

Mariangela kocht und backt sehr gerne. Sie ist in der Familie diejenige, die alte Rezepte bewahrt, doch für Neues durchaus aufgeschlossen ist. Wenn auf dem Weingut ihrer Brüder was los ist, backt sie zum Beispiel »Fugasi«, eine Art Fladen, der hervorragend zum Wein passt. Das Rezept ist so einfach, meint sie, dass man es kaum mehr in Kochbüchern findet. »Eigentlich nimmt man Schweineschmalz«, aber das mögen viele nicht. Schweineschmalz ist hier in der Gegend oft Zutat für Gebäck wie die traditionellen Schiacciatine (> S. 91). Mariangela nimmt stattdessen oft Butterschmalz, Sonnenblumen- oder Olivenöl. Auch ein anderes Gebäck, das ursprünglich aus der Toskana stammt, die Cantuccini, hat sie abgewandelt. Sie fügt Butter hinzu, wodurch die harten Originale mürbe werden und auch ohne Vin Santo, in den sie in der Toskana getaucht werden, auskommen.

FUGASÌ SU LA GRADELA

Früher hatte man ja einen Holzofen zum Kochen oder man bereitete einen Großteil des Essens im offenen Kamin zu. Man feuerte ein, wartete, bis eine schöne Glut entstand. Im Kamin befand sich eine stabile Aufhängung für den Kupferkessel, wo die Mutter noch in früheren Jahren Polenta zubereitete (> S. 142 / 143). Und darunter stand ein Rost bereit, auf dem man eben auch die »Fugasì« zubereitete. »Heute mache ich die schlichten Fladen natürlich im Backofen«. Mariangela misst die Zutaten normalerweise nicht ab, sie macht das nach Gefühl. Hier aber für uns die Mengenangaben: 300 g Mehl, 80 g Schmalz, 70 g Zucker, ½ Glas Weißwein, etwas Backpulver und eine Prise Salz. Alle Zutaten zu einem elastischen Teig kneten und etwa 1 cm dick ausrollen. Dann in Stücke von etwa 20 × 20 cm schneiden und auf dem Grillrost oder im gut heißen Backofen in wenigen Minuten backen.

Sossole, Chiachiere di Carnevale oder Lattughe heißt dieses traditionelle Faschingsgebäck.

Ein toskanischer Klassiker, in der Nähe der Alpen mit Butter verfeinert.

LATTUGHE DI CARNEVALE

SCHMALZGEBÄCK

500g Mehl
5 Eier
½ Pck. Backpulver
⅛ l Sonnenblumenöl
⅛ l Milch
etwas Rum, 2 Prisen Salz
150g Zucker
¼ l Sekt
Fett zum Frittieren
Puderzucker

Mehl auf das Backbrett häufen und in eine Mulde Eier und Backpulver hineingeben. Mit einer Gabel verschlagen. Dann Öl, Milch, Rum, Salz und Zucker und einen Teil des Sekts zugeben. Mit den Händen zu einem geschmeidigen Teig kneten. Dabei den Sekt aufbrauchen; die Menge hängt von der Eigröße und der Beschaffenheit des Mehls ab.

Den Teig nun entweder mit dem Nudelholz oder mit der Nudelmaschine ausrollen; fast so dünn, wie Nudelteig sein sollte. Nun mit einem Teigrädchen unregelmäßige Stücke ausradeln und mit Schlitzen versehen. Dann nach und nach ins heiße Frittierfett geben, hell ausbacken und mit einem Sieblöffel herausheben. Auf Küchenpapier entfetten und mit Puderzucker bestäuben.

Tipp: Mariangela nimmt Sonnenblumenöl zum Frittieren und benutzt einen Wok, der durch seine weite Oberfläche genug Platz bietet.

CANTUCCINI DELLA MAMMA

MANDELGEBÄCK

250g Mehl
½ TL Backpulver
100g Zucker
Mark einer halben Vanilleschote
1 Prise Salz
2 Eier
100g Butter
200g Mandeln, grob gehackt
1 Eigelb
1 EL Milch

Aus allen Zutaten außer Eigelb und Milch einen Knetteig herstellen. Dann 4 Rollen von ca. 2 cm Ø formen und etwas flachdrücken. Eigelb mit der Milch verrühren und auf die Rollen streichen. 15 Min. bei 180 °C Ober-/Unterhitze hell backen.

Abkühlen lassen und schräg in ca. 1 cm dicke Scheiben schneiden. Bei gleicher Temperatur weitere 20 Min. backen.

Tipp: Die Cantuccini passen zum Kaffee oder man trinkt dazu Süßwein, am Gardasee natürlich einen Vino Santo aus dem Trentino (> S. 194).

Warum Frühlingskuchen? »Sie hieß in unserer Familie immer schon so«, sagt Francesca Guandalini.

TORTA PRIMAVERA
FRÜHLINGSKUCHEN

Teig
500g Mehl
5 Eigelb
200g Zucker
300g kalte Butter, in Flöckchen
Zitronenabrieb
1 Prise Salz

Füllung
1 Glas Marmelade
300g gemahlene Mandeln
6 Eier
300g Zucker
Zitronenabrieb
etwas Cognac

Alle Zutaten für den Teig rasch zu einem Mürbteig verkneten und anschließend im Kühlschrank in Folie gewickelt ruhen lassen.

Für die Füllung alle Zutaten außer der Marmelade gut vermischen und ½ Std. im Kühlschrank durchziehen lassen.

Eine Tarteform mit dem Mürbteig auskleiden, Rand ca. 2cm hoch ziehen, den Teig mit einer Gabel einstechen. Dann dünn mit Marmelade bestreichen und die Füllung darauf geben. Im vorgeheizten Ofen bei 180°C, Ober-/Unterhitze, ca. 30 Min. backen.

Tipp: Mit den Eiweißen kann man das Zitronensorbet (> S. 171) oder die Kaffeewaffeln (> S. 134) machen. Man kann Eiweiß übrigens gut einfrieren.

Die Sbrisolona ist das traditionelle Gebäck der Mantuaner Gegend.

TORTA SBRISOLONA
MANDELKUCHEN

100g feines Maismehl
200g Mehl
50g Mandeln, gemahlen
100g Zucker
1 Prise Salz
1 Gläschen Grappa
180g Butter
50g Mandeln, ganz

Beide Mehlsorten, die gemahlenen Mandeln, Zucker sowie eine gute Prise Salz gut mischen. Grappa dazugeben, kalte Butter in Flöckchen darauf verteilen und mit kühlen Händen schnell zu einem streuselähnlichen Teig verkneten. Die ganzen Mandeln einarbeiten.

In eine gebutterte Tarteform geben und bei 200°C ca. 20 Min. bei Ober-/Unterhitze backen.

Varianten
Sbrisolona »Zen«: Ein gut walnussgroßes Stück Ingwer schälen, sehr fein hacken und unter den Teig kneten.

Sbrisolona mit Kakao: 150g Mehl und 50g Kakao verwenden und mit dem Mark einer Vanilleschote würzen.

Eine Trentiner »Torta di Fregoloti« wird daraus, wenn man die Mandeln durch Nüsse ersetzt und 300g Weizenmehl verwendet.

Eindeutig ein Sonntagskuchen! Und der Aufwand ist geringer, als es den Anschein hat. Wichtig sind aromatische Pfirsiche oder Nektarinen.

TORTA DI PESCHE CON CREMA DI MASCARPONE

PFIRSICHTORTE MIT MASCARPONECREME

Biskuit
3 Eier
90g Zucker
3 EL warmes Wasser
50g Mehl
35g Stärkemehl
Butter für das Blech

Füllung
500g Magerquark
500g Mascarpone
100g Zucker
Saft von 1 Zitrone
200 ml Sahne
1½ Pck. Pulvergelatine
4–6 Pfirsiche oder Nektarinen

Für den Biskuitboden Eier trennen. Eigelbe mit den anderen Zutaten gut verrühren, Eiweiße schaumig schlagen und vorsichtig unterheben. Nur den Boden eines Backblechs mit Butter fetten, Teigmasse einfüllen und knapp 15 Min. bei 170 °C Ober-/Unterhitze backen. Auf ein gezuckertes Geschirrtuch stürzen, mit einer guten Pfirsichmarmelade bestreichen und aufrollen.

Einen Tortenring auf eine Tortenplatte stellen; von der abgekühlten Biskuitrolle dünne Scheiben abschneiden. Den Boden damit auslegen; die restlichen Scheiben an einer Seite gerade abschneiden und als Rand in den Tortenring stellen. (Die abgeschnittenen Teile kann man beim Boden noch unterbringen, weil ja immer kleine Löcher entstehen, wo die Rollen aneinander liegen).

Für die Füllung die Pulvergelatine mit 6 EL kaltem Wasser verrühren und 10 Min. quellen lassen. 200 g Sahne schlagen und die Pfirsiche in Stücke schneiden.

Quark, Mascarpone, Zucker und Zitronensaft cremig rühren. Gequollene Gelatine in einem Topf bei geringer Hitze auflösen. 2–3 EL von der Quarkmasse einrühren und diese Mischung unter die restliche Quarkmasse rühren. Sahne und Pfirsichstücke unterheben und die Füllung auf dem Biskuitboden verteilen. Die Torte 2–3 Std. kalt stellen und dann nach Belieben verzieren.

Das Öl der Senfsaat ist enorm scharf, auch in Italien bekommt man es meistens nur in Apotheken. Bereits wenige Tropfen davon reichen, um die Früchte zu konservieren.

SÜSS UND SCHARF: MOSTARDA MANTOVANA

FRÜCHTE MIT SENFESSENZ

1 kg Früchte, geputzt gewogen
300–400 g Zucker
10–25 Tropfen Senfessenz

Die Zubereitung ist im Prinzip immer die gleiche: Man teilt die Früchte in mundgerechte Stücke; ob Scheiben, Würfel oder Viertel kann man selbst entscheiden. Bei harten Früchten wie Quitten oder Äpfeln bieten sich Scheiben an, Aprikosen oder Mandarinen könnte man vierteln.

Die Früchte werden dann mit dem Zucker vermischt und beiseitegestellt, bis sich Flüssigkeit bildet. Diese kocht man separat in einem Topf auf und gießt die heiße Flüssigkeit wieder über die Früchte. Diesen Vorgang wiederholt man so oft, bis die Früchte noch knackig, aber bereits elastisch sind. Das kann sich über mehrere Tage hinziehen. Bei Quitten wiederholt man 8–10 Mal, bei Äpfeln oder Birnen kommt es auf die Sorte an. Es eignen sich im Prinzip fast alle Früchte, die nicht zu viel Wasser enthalten. Mutige experimentieren auch mit Gemüse. Karotten-Mostarda etwa schmeckt vorzüglich. Bei Zitrusfrüchten unbedingt auf Bioware zurückgreifen, denn man verwendet sie ganz.

Hat die Fruchtmasse fast schon die gewünschte Konsistenz, sollte man wegen der Haltbarkeit alles noch einmal etwa 3 Min. aufkochen, dann abkühlen lassen.

Nun fügt man die Senfessenz hinzu. Hierbei ist wichtig: je mehr Tropfen, desto schärfer und desto länger haltbar. Will man die Mostarda bald servieren, können schon 5–6 Tropfen ausreichen; je schärfer sie ist, desto länger sollte sie durchziehen (ca. 2–3 Wochen).

Mostarda passt zu Käse, kaltem Braten oder auch Bollito (> S. 119).

Benessere und Buonumore

KRÄUTER-RAGAZZI MIT GUTEN IDEEN

Elena Bertagna und Paolo Ferri sind Nachbarn, Freunde, inzwischen Kollegen. Sie bauen Kräuter und Gewürze an. Daraus entstehen Kompositionen für die mediterrane Küche, Aufstriche, Sirups und Tees fürs Wohlbefinden (Benessere). Gute Laune (Buonumore) ist stets dabei.

Eure Kräuterfelder gibt es noch nicht so lange. Wie kam's dazu, warum Kräuter?
Elena / Paolo: Wir wollten etwas tun für unsere Gegend, für die Umwelt, eine nachhaltige Idee entwickeln. Kräuter haben den Vorteil, dass sie von Haus aus keine Spritz- und Düngemittel benötigen. Sie wachsen am besten auf kargen Böden und Brachflächen, die für die Intensivlandwirtschaft zu nichts nutze sind.

Elena: Mein großes Feld (Foto) ist viel zu klein, um mit modernen landwirtschaftlichen Maschinen bearbeitet werden zu können. Mein Urgroßvater hat hier zuletzt etwas angebaut, so ist der Boden auch nicht von Düngemitteln belastet. Bei mir entstand die Idee, nachdem meine Kinder auf der Welt waren. Das verändert die Perspektive!

Paolo: Als ich nach meinem Studium die Idee hatte, den Grund der Familie zu bewirtschaften, war klar, dass es in Richtung Bio ging. Mein Onkel begann mehr als Hobby Bio-Olivenöl zu erzeugen, ich wollte Naturwein machen. Zu den Kräutern kam ich vor allem durch meine Schwester, die Imkerin ist (> S. 26/27). Kräuter sind wichtige Nahrungspflanzen für Insekten.

NETZWERK | Fröhlichkeit steckt an, nachhaltige Ideen werden weitergetragen.

Der Anbau erfolgt also ohne jegliche Chemie. Und wie ist das mit Ernte und Verarbeitung?

Elena (lacht): Wir machen alles von Hand. Das ist besonders wichtig, denn nur die besten Pflanzenteile werden schonend geerntet. Beim Lavendel etwa wirklich nur die Blüten.

Wie entstehen die Teemischungen?

Elena / Paolo: Wir arbeiten mit Kräuterexperten zusammen, ein Heilpraktiker aus der Gegend half uns dabei, Teemischungen wie »Buonumore«, der bei Angstzuständen hilft, oder »Dopo Pasto« für die Verdauung zusammenzustellen. Viele Mischungen, wie etwa Currykraut, Minze mit etwas Stevia schmecken auch als Eistee. Köstlich erfrischend, gesund und null Kalorien.

Gibt es noch weitere Projekte?

Elena / Paolo: Beliebt sind unsere Kräuterwanderungen, bei denen wir auch ein wenig auf die hiesigen Wildkräuter eingehen. Im Anschluss an die Wanderung bieten wir kleine Verköstigungen an. Man kann auch jederzeit zur Azienda Case Vecchie, dem Hof von Paolo, kommen. Dort haben wir eine gemütliche Probierstube eingerichtet. In loser Folge veranstalten wir zusammen mit wechselnden Gastronomiebetrieben der Gegend ganze Kräutermenüs. Das erste davon fand im Agriturismo von Freunden, dem Filos, im Herbst 2016 statt – von dort stammen die Rezepte auf den folgenden Seiten.

Harissa ist eine scharfe Würzpaste aus der arabischen Küche, die mit Paprikaschoten zubereitet wird. Hier eine italienische Variante.

HARISSA VELOCE

SCHNELLE TOMATEN-HARISSA

100g getrocknete Tomaten
1 EL Fenchelsamen
1 EL Paprikapulver
1 EL Koriandersamen
Peperoncino, getrocknet
etwas Olivenöl

Tomaten fein hacken, Korianderkörner in einer Pfanne ohne Fett anrösten, bis sie duften. Dann mit allen anderen Zutaten mit dem Pürierstab zerkleinern. Die Menge der Peperoncinoschoten richtet sich nach dem gewünschten Schärfegrad und dem der Früchte.

In ein Schraubglas geben und dunkel lagern. Die Gewürzpaste hält sich wochenlang und passt zu Pasta- oder Reisgerichten, zu Bulgur, Gemüse und zu Grillfleisch.

Tipp: Für echtes Harissa nimmt man gegrillte Paprikaschoten und statt der Fenchelsamen Kreuzkümmel.

Diese Panini kommen aus der Pfanne – ideal, wenn man z. B. in einem italienischen Ferienhaus keinen Ofen hat.

PANINI AL TIMO

THYMIAN-PANINI

Für ca. 20 Stück:

250g Mehl	*20g frische Hefe*
½ TL Salz	*1 Ei*
100 ml Milch	*2–3 EL Thymian*
1 TL Zucker	*Olivenöl*

Mehl in eine Schüssel geben und in eine Mulde die leicht erwärmte Milch, Zucker und Hefe geben. Alles verrühren und ½ Std. gehen lassen. Dann Salz, Ei und Thymian dazugeben und gut durchkneten. Teig etwa 1 Std. abgedeckt an einem warmen Ort gehen lassen. Den Teig zu einer Rolle formen und in 20 Stücke teilen, zu Kugeln formen und etwas flach drücken. Auf ein mit Öl gefettetes Backblech setzen und an einem warmen Ort wiederum 20 Min. gehen lassen.

In einer großen Pfanne Olivenöl erwärmen, die Panini vorsichtig hineinsetzen (damit sie nicht zusammenfallen) und bei sanfter Hitze von jeder Seite ca. 3 Min. braten.

Sie schmecken ganz frisch am besten und passen prima zu Käse oder Gemüse.

Minze erfrischt und gibt dem Dessert eine leichte Note. Hier kann man mit verschiedenen Minze-Sorten experimentieren.

SEMIFREDDO ALLA MENTA

MINZE-PARFAIT

4 Eier
100g Zucker
¼ l Sahne
1 Bund frische Minze
200ml Minzesirup

Eier trennen, die Eigelbe mit Zucker schaumig schlagen. Eiweiß und Sahne jeweils steif schlagen.

Die Blättchen der frischen Minze fein hacken, einige für die Dekoration aufheben. Zusammen mit dem Sirup, der geschlagenen Sahne und dem Eiweiß unter die Masse ziehen.

Nun entweder in Portionsförmchen oder eine längliche Form geben und mindestens 4 Std. ins Gefrierfach stellen. Mit frischer Minze servieren.

Tipp: Es gibt viele verschiedene Minzesorten. Welche man für das Dessert wählt, liegt auch am persönlichen Geschmack.

Der lateinische Name von Elicriso ist Helicrysum Italicum, bei uns heißt es »Currykraut«.

GNOCCHI DI ZUCCA ALL'ELICRISO

KÜRBISGNOCCHI MIT CURRYKRAUT

500g Kürbisfruchtfleisch
ca. 200g feiner Weizengrieß
Salz, Pfeffer
100g Butter
1–2 TL Thymian, frisch oder getrocknet
1–2 TL Blüten und Blätter vom Currykraut, frisch oder getrocknet
100g Grana, frisch gerieben

Kürbisfruchtfleisch dämpfen oder im Backofen weich garen und anschließend durch eine Kartoffelpresse drücken. Nun so viel Weizengrieß zugeben, dass ein lockerer Teig entsteht. Keinesfalls zu viel Grieß verwenden; die Menge hängt sehr von der Kürbissorte ab. Mit Salz und Pfeffer abschmecken und zu Rollen formen. Davon kleine Stückchen abschneiden und nochmals in Grieß wälzen.

Butter zerlassen und die Kräuter darin 10 Min. ziehen lassen, durch ein Sieb gießen.

Gnocchi in siedendem Wasser garen, bis sie an die Oberfläche steigen. Mit der Kräuterbutter vermischen und mit dem Käse servieren.

Diese mediterrane Kräutervielfalt würzt auch andere Fleischspeisen wie z. B. Gulasch.

ARROSTO DI VITELLO ALLE 10 ERBE

KALBSBRATEN MIT 10 KRÄUTERN

800 g Kalbsbraten
Kräuter wie
verschiedene Minzen
Rosmarin
Oregano
Salbei
Zitronenverbene
Zitronenmelisse
Thymian
Blätter vom Currykraut
Grün vom wilden Fenchel

Kräuter fein hacken und mit einer Prise Salz sowie etwas Olivenöl mixen. Fleisch so einschneiden, dass eine flache Scheibe entsteht (oder den Metzger bereits darum bitten). Die Kräutermischung auf die Fleischscheibe streichen, den Braten zusammenrollen und mit Küchengarn binden.

Etwas Olivenöl in einen Bräter geben, den Braten im Ofen bei 180 °C ca. 45 Min. braten.

Zum Servieren in Scheiben schneiden. Dazu schmecken Ofenkartoffeln.

Tipp: Der Kräuterbraten schmeckt auch kalt, dann am besten ganz dünn aufschneiden.

Durch die Verwendung von Stevia wird dieser Kuchen zu einem wirklich leichten Dessert.

TORTA CON STEVIA

STEVIA-KUCHEN MIT KORIANDER-APFELMUS

360 g Mehl
1 Pck. Backpulver
50 g Zucker
3 Eier, zimmerwarm
200 g Joghurt
2 EL Milch
1 Prise Salz
2 g Steviablätter, getrocknet und fein geschnitten
Butter und Semmelbrösel für die Form
2 EL Honig

Koriander-Apfelmus *(> S. 189)*

Zucker und Eier schaumig schlagen, Mehl mit Backpulver mischen und zusammen mit den anderen Zutaten nach und nach zugeben. Den Teig in eine Springform geben, die zuvor mit Butter und Semmelbröseln ausgekleidet wurde. Kuchen bei 180 °C ca. 40 Min. backen und anschließend noch warm mit Honig bestreichen.

Kuchen erkalten lassen. Dann zum Servieren in Würfel schneiden und mit dem Apfelmus servieren.

Tipp: Statt Stevia kann man auch die doppelte Menge Zucker verwenden.

18

Von Vino zu Gino

BORDEAUX IN OLFINO

Für Genießer sind die Herrschaften auf dem Foto nicht unwichtig. Gino Stefanoni ist Patron der Trattoria am Ort, die er mit seiner Frau Alessandra und seinem Sohn Andrea betreibt (> S. 108). Der Bärtige ist Cesare Gozzi, Winzer aus Leidenschaft, und die Dame ganz links neben den Rosen ist Elisabeth, seine Frau.

An dieser Stelle sollte man betonen, dass das nun Erzählte wirklich wahr und nicht erfunden ist! Elisabeth ist Französin, stammt aus Paris. Ein italienischer Studienkollege heiratete und lud ein, Cesare landete am Tisch der Französin, weil der die Sprache in der Schule gelernt hatte. Cesare war gerade dabei, den Hof der Eltern zu übernehmen, bis dahin unterrichtete er an der Landwirtschaftsschule. Auf dem Bauernhof gab es Kühe, man baute Getreide an, Tomaten, auch Trauben. Cesare aber wollte sich auf Wein spezialisieren und setzte sich schließlich durch. Qualität sollte Quantität ersetzen, das hatte er in Frankreich gesehen, in der Gegend von Bordeaux, wo ihm seine Verlobte zeigte, wie in Frankreich große Weine entstehen. Zurück in Olfino wurden Cabernet Sauvignon und Merlot gepflanzt und – zum Schrecken der Eltern – die Ertragsmenge erheblich reduziert. Einmal, erzählt der Winzer Cesare, schnitt er zusammen mit seinem Bruder Franco jede Menge unreifer Trauben von den Rebstöcken, während die Eltern sonntags in der Kirche waren. Das Theater war groß, lacht er heute, aber die Trauben waren nun mal weg und als der Wein dann außergewöhnlich gut wurde, waren die Eltern auch zufrieden. Der Wein aus den französischen Reben heißt Rosso Saline und ist bis heute einer der »Riserve« des Weinguts.

Inzwischen arbeiten die Kinder der beiden mit. Sohn Emmanuel hat die ersten drei Hektar auf bio umgestellt, die mit heimischen Reben wie Rossanella bestückt sind, sodass auch regionale Traditionen weiter gepflegt werden.

Den Wein probiert man direkt auf dem Weingut oder beim Nachbarn Gino.

CANTINA GOZZI | Kühle Weiße, edle Rote, frischer Rosé und Spumante – mit Liebe gemacht

Herrlich knusprig werden die Bauchscheiben, wenn man sie vorsichtig gart. Unbedingt neben (!), nicht auf der Glut grillen.

In der Enoteca Gonzaga in Volta Mantovana (> S. 88 – 90) serviert man die gegrillten Rippchen mit Biersoße.

COSTINE ALLA BIRRA
SPARERIBS IN BIERMARINADE

1 kg Spareribs vom Schwein

Marinade
ca. 1 l dunkles Bier
einige Körner schwarzer Pfeffer
1 – 2 Lorbeerblätter
1 Zweig Rosmarin
Paprika, Salz

Die Zutaten für die Marinade in eine Form geben, in der die Rippchen nebeneinander Platz haben. Die Spareribs hineinlegen, abdecken und über Nacht im Kühlschrank marinieren lassen.

Dann abtropfen, wieder Zimmertemperatur annehmen lassen und knusprig grillen. Dabei immer wieder mit der Marinade bestreichen.

Man kann die Spareribs auch vor dem Marinieren in Salzwasser ca. 20 Min. weich kochen, sie werden dann besonders zart.

Variante
Man brät die Spareribs im Ofen und gießt so viel Marinade hinzu, dass eine sämige Soße entsteht.

PANCETTA ALLA GRIGLIA
PANCETTA VOM GRILL

roher Schweinebauch, dünn und gleichmäßig aufgeschnitten
Salz

Trotz der Einfachheit des Rezepts muss den dünnen Scheiben große Aufmerksamkeit geschenkt werden. Sie dürfen keinesfalls verbrennen, sondern sollten golden-knusprig auf den Teller kommen. Man serviert sie mit etwas Salz.

Grillfleisch in Italien
Egal, ob man auf dem Weingut grillt oder »Grigliata mista« (gemischte Grillplatte) im Restaurant bestellt, das Fleisch kommt fast ausschließlich ohne Marinade auf den Grill und wird dann mit Salz, vielleicht Pfeffer und Olivenöl gewürzt. Ketchup oder Barbecue-Soßen werden dazu höchst selten serviert.

Man achtet allerdings sehr auf die Qualität des Fleisches, holt es vom Metzger des Vertrauens und legt es niemals kalt, sondern mit Zimmertemperatur auf den Grill.

Die Pfirsiche in Coppa kann man auch im Backofen oder in der Pfanne zubereiten. Auf dem Grill darauf achten, dass sie nicht allzu viel Hitze abbekommen.

PESCHE IN CAMICIA
PFIRSICHE IN COPPA

4–6 Pfirsiche oder Nektarinen
4–6 dünne Scheiben Coppa

Pfirsiche kurz in kochendes Wasser geben, mit einem Sieblöffel herausnehmen, abschrecken und die Haut entfernen. In Viertel schneiden und in Coppa-Scheiben wickeln, die man am besten mit Zahnstochern fixiert. Vorsichtig grillen, dabei wenden.

Tipp: Auch Honig- oder Wassermelonen kann man grillen.

Man schält sie, schneidet sie in dickere Scheiben und legt sie kurz auf den Grill. Sie werden entweder zu Fleisch und Geflügel oder mit Eis als Süßspeise serviert.

TEAMWORK | Vater, Mutter und Sohn sorgen für das Wohl der Gäste.

Tradition & frischer Wind

FAMILIENTRATTORIA SEIT 1802

Im kleinen Ort Olfino, südlich von Monzambano befindet sich eine Bilderbuch-Trattoria. Kulinarische Tradition wird hier gepflegt, so manches Rezept stammt von den Vorfahren, von Generation zu Generation weitergegeben und dabei oftmals verfeinert. Die Pasta wird in der Trattoria dei Colli, dem Gasthaus in den Moränenhügeln, immer noch von der Oma gemacht. Alessandra ist für Service und Süßspeisen verantwortlich, Gino steht am Herd bzw. am Grill. Auf offenem Feuer werden wie früher Polenta und Fleisch gegrillt. Gino weiß genau, wie viel Glut er vom lodernden Feuer auf die Grillfläche schieben muss, damit das Fleischstück für die Tagliata innen noch leicht rosa ist. Er steht dort übrigens jahrein jahraus, auch wenn's draußen bereits weit über 30 Grad hat. Persönlich mag Gino am liebsten Meeresgetier, weshalb sich die Gäste über exzellent zubereitete Muscheln, Meeresfrüchte und Fische freuen dürfen – der Fischhändler des Vertrauens liefert frisch und die Qualität ist sensationell! Auch Fleisch oder Gemüse bezieht man nicht von irgendwoher – für jedes Produkt, das in der Küche Verwendung findet, sucht man mit viel Gespür die besten Lieferanten.

Es ist noch gar nicht so lange her, als die Berufswahl des Sohnes Andrea anstand. Gino schlug verzweifelt die Hände über dem Kopf zusammen. Auf die Hotelfachschule wolle er, wo er doch gut in der Schule ist und was Anständiges lernen sollte. Danach, meinte Gino lächelnd, könnte er ja immer noch die Trattoria weiterführen. Aber der Sohn setzte sich durch, zum Vorteil der Gäste. Man spürt es gleich, wenn er die Gerichte der Tageskarte vorstellt: Er wird ein Patron mit Leib, Seele und Begeisterung. Und er bringt neuen, frischen Wind in den Familienbetrieb, probiert neue Rezepte aus, richtet die Speisen gekonnt an, besorgt trendiges Geschirr. Das Tiramisu (> S. 110) in seine Bestandteile zu zerlegen war seine Idee – selbstverständlich werden die Löffelbiskuits dafür wie seit eh und je hausgebacken. Der Fortbestand der Trattoria in den Hügeln ist also zur Freude der Gäste gesichert.

Gino schwört darauf: Kürbisgnocchi schmecken nur mit buttriger Kürbissoße.

GNOCCHI DI ZUCCA
KÜRBISGNOCCHI

ca. 500g Kürbis, mürbe, süße Sorte
200g Kartoffeln, mehlige Sorte
1 Eigelb
120g Mehl
Salz, Pfeffer, Muskatnuss
100g Butter
Abrieb von 1 Bio-Zitrone
ca. 100g Grana, frisch gerieben

Kürbis, wenn nötig, schälen, auf ein gefettetes Backblech geben und bei 180 °C ca. 20 Min. backen, bis er weich ist. Etwas abkühlen lassen und 200 g davon für die Soße beiseitestellen. Kartoffeln in der Schale kochen, schälen und noch heiß durch eine Presse drücken.

Nun Kürbisfleisch mit den Kartoffeln, dem Eigelb und dem Mehl zu einem lockeren Teig verarbeiten, mit Salz, Pfeffer und Muskatnuss abschmecken. Zubereitung der Gnocchi > S. 33.

Für die Soße den restlichen Kürbis mit der Butter pürieren, mit Zitronenabrieb, Salz, Pfeffer und Muskatnuss abschmecken und 2–3 EL Grana dazugeben.

Gnocchi in Salzwasser kochen und dann in der Kürbissoße wenden. Mit Grana servieren.

Statt des Räucherkäses Provolone kann man auch Gorgonzola oder Taleggio verwenden, oder die Ricottamasse mit Kräutern würzen.

ROSETTE CON PROVOLONE E SPECK
PASTAROSETTEN MIT TOMATENSOSSE

400g Nudelteig in Platten (> S. 150 / 151)

Füllung
300g Ricotta
100g Provolone, gerieben
100g Pancetta, fein gewürfelt
Salz, Pfeffer, Muskatnuss

1 Portion Tomatensoße (> S. 33)
Butter für die Form
Grana, frisch gerieben

Pancetta in einer Pfanne ohne Fett knusprig braten. Dann alle Zutaten für die Füllung verrühren, den Pancetta zugeben und mit Salz, Pfeffer und Muskatnuss abschmecken.

Die Teigplatten auslegen und ca. ½ cm dick mit der Füllung bestreichen, aufrollen. Dann Scheiben von ca. 2 cm schneiden. Form ausbuttern und die Rosetten mit der Schnittfläche nach unten einsetzen. Im Ofen bei 180 °C ca. 30 Min. backen, bis sie leicht gebräunt sind. Tomatensoße erwärmen, die Rosetten anrichten, mit der Soße übergießen und mit frisch geriebenem Grana servieren.

Tagliare heißt auf Italienisch »schneiden«. Hier gibt es Tagliata vom Rind, aber auch vom Pferd.

TAGLIATA DI MANZO
STEAKSTREIFEN AUF RUCOLA

4 Rindersteaks (Roastbeef, T-Bone- oder Hochrückensteak)
1 Bund Rucola
200 g Grana
Olivenöl
Salzflocken

Tagliata ist ein simples Gericht, das von erstklassiger Fleischqualität lebt. Ideal sind etwas dickere Steaks von ca. 2 cm.

Das Fleisch unbedingt vor dem Grillen aus dem Kühlschrank nehmen und einige Stunden im Zimmer temperieren. Dann zunächst bei kräftiger Hitze grillen und schließlich neben der Glut etwas nachziehen lassen. Es sollte innen noch rosa sein. Das Fleisch wird übrigens vorher nicht mariniert. Man würzt es ausschließlich mit gutem Olivenöl und Salz.

Den Rucola waschen, trockenschütteln und auf Tellern hübsch anrichten. Die Steaks in Streifen schneiden, darauf geben. Dann Grana-Späne darüberhobeln (geht auch gut mit dem Kartoffelschäler). Salzflocken und Olivenöl am Tisch bereitstellen. So kann jeder nach Belieben würzen.

Die Löffelbiskuits halten sich in einer Blechdose ca. 2 Wochen.

TIRAMISÙ SCOMPOSTO
TIRAMISU EINMAL ANDERS

Löffelbiskuits
6 Eier
185 g Zucker
150 g Mehl
65 g Stärkemehl
50 g Puderzucker
1 EL Maismehl
1 Portion Mascarponecreme (> S. 172)
4 Tassen Espresso

Für die Biskuits Eigelbe mit der Hälfte des Zuckers schaumig rühren. Eiweiße zu Schnee schlagen, erst gegen Ende den restlichen Zucker zufügen. Mehl und Stärkemehl mischen und fein sieben. Dann ca. ⅓ davon vorsichtig unter die Eigelbmasse heben, dann ⅓ des Eischnees; fortfahren, bis alles aufgebraucht ist. Nun den Teig in einen Dressiersack mit mittlerer Spritztülle geben.

Backbleche mit Backpapier auskleiden, den Ofen auf 230 °C Ober-/Unterhitze vorheizen. Stücke von ca. 10 cm Länge auf das Blech spritzen, etwas Abstand lassen. Nun Puderzucker und Maismehl mischen und über die Teigstücke sieben. Knapp 10 Min. blond ausbacken. Die Mascarponecreme mit weniger Zitrone abschmecken, als im Rezept angegeben. Nun alles zusammen wie auf dem Foto anrichten und mit Espresso servieren.

Dieses Hefegebäck darf an Festtagen nicht fehlen. Die Reste könnte man zu einem »Macafame« weiterverarbeiten (> Tipp).

TORTA DELLE ROSE CON CREMA DI MASCARPONE

ROSENTORTE MIT MASCARPONECREME

450 g Mehl
1 Würfel Hefe
200 ml Milch
40 g Butter
70 g Zucker
Abrieb einer Bio-Zitrone
1 Prise Salz

Füllung
150 g Butter
150 g Zucker
Mark einer Vanilleschote

Mehl in eine Schüssel geben, eine Mulde eindrücken. Hefe in der lauwarmen Milch auflösen, in die Mulde geben und mit etwas Mehl zu einem Vorteig rühren. 1 Std. bei Zimmertemperatur gehen lassen. Dann alle anderen Zutaten für den Teig zugeben und durchkneten. Erneut ca. 1 Std. gehen lassen.

Für die Füllung die zimmerwarme Butter mit dem Zucker schlagen, bis sich der Zucker aufgelöst hat, Vanille zugeben.

Nun den Hefeteig zu einem Rechteck ca. 2 cm dick ausrollen und mit der Füllung bestreichen. Von der langen Seite her zu einer Rolle formen. Dann in Stücke von ca. 5–6 cm schneiden. Eine Springform buttern und die Teigzylinder mit der Schnittfläche nach unten dicht an dicht hineinsetzen. Erneut ca. 1 Std. gehen lassen. Dann bei 180 °C Ober-/Unterhitze ca. 30–40 Min. backen.

Mit Puderzucker bestreut servieren. Wer mag, reicht Vanilleeis oder Mascarponecreme wie beim Tiramisu nebenan dazu.

Tipp: Eine traditionelle Resteverwertung ist ein echter »Macafame« (> S. 61), für den man Reste von Hefegebäck wie Panettone, Torta delle Rose oder schlichte Semmeln nehmen kann. Dazu den Kuchen in Scheiben schneiden, 1–2 Eier mit etwas Milch verrühren und die Scheiben damit benetzen. Einige Äpfel schälen, in Spalten scheiden und alles zusammen im Ofen backen. Wer mag, gibt noch in Grappa eingeweichte Rosinen dazu.

Die Geheimnisse der Hügel

WASSER, ZYPRESSEN, BAUERNHÖFE UND WEIN

URLAUBSFEELING | Die Moränenhügel im Süden des Gardasees sind voller Überraschungen. Sanft gewellt und mit Zypressen erinnern sie an die Toskana.

Toskanisches Weißbrot mit fester Krume oder auch Bauernbrot eignet sich am besten für Bruschetta. Brotaufstrich nach südlicher Art. Klassisch auch nur mit Knoblauch und fruchtigem Olivenöl.

GRUSS AUS DER TOSKANA: BRUSCHETTE VARI GUSTI

KÖSTLICHE BRUSCHETTA-VARIATIONEN

Crema di Fegatelli – Hühnerlebercreme
Von den Hühnerlebern alle Sehnen entfernen, Leberstücke in Butter mit etwas Knoblauch und einigen Salbeiblättern rosa braten und mit einem Schuss Grappa oder Süßwein ablöschen. Vom Feuer nehmen, durchziehen lassen. Mit Salz und Pfeffer, einem Schuss Olivenöl abschmecken. Pürieren oder fein hacken. Auf geröstete Brote streichen und sofort servieren.

Pesto di Borlotti – Bohnenpesto
Die Borlotti-Bohnen wie auf > S. 203 beschrieben zubereiten. Mit gehackten Kräutern, getrockneten oder frischen Tomatenwürfeln und etwas Olivenöl mixen oder grob hacken.

Pesto di Zucchine – Zucchinipesto
Zucchini fein würfeln, in Olivenöl anbraten, etwas Knoblauch und zum Schluss Basilikum und geriebenen Grana unterheben.

Bruschetta con Pomodori – Tomatenbruschetta
Tomaten fein würfeln und leicht salzen, Basilikum, Zitronenabrieb und etwas Knoblauch fein hacken, unterheben. Mit Salz und Pfeffer abschmecken.

Pesto di Fichi e Noci – Feigen-Walnuss-Pesto
Getrocknete Feigen mit Vino Santo einweichen, dann mit Walnüssen pürieren. Mit Schinkenstreifen dekorieren.

FEINE KÖSTLICHKEITEN | In der Beccheria kann man schnabulieren – denn »Becco« bedeutet Schnabel.

Fröhlich und friedlich

EIN SONNTAG IN SOLFERINO

Sonntagmorgen in Solferino: Sommer, Sonne und ein Cappucino in der Bar vom Avanguardia … Die Bäckereien haben geöffnet, man beißt in ein knuspriges Hörnchen und blinzelt in die Vormittagssonne. Auch Richtung Rathaus sind die Bars gut besetzt, Radler im bunten Sportdress schon beim Aperitivo. Von Massentourismus ist rein gar nichts zu spüren und wer mittags essen gehen will, hat die angenehme Qual der Wahl. Wieder ins Avanguardia, wo sich junges Flair und beste Küche perfekt verbinden, oder zu Renato, der die alteingesessene Osteria der Eltern übernommen und mit kreativen Ideen bereichert hat? Er kocht gerne mit Kräutern, die er von Elena und Paolo bezieht (> S. 98/99). Auch der Bio-Agriturismo Solimago mit vegetarischer oder veganer Küche hat Sonntagmittag geöffnet und bei der »Speranza« duftet es aus der Küche bis auf die Straße – nach Wildsugo zu hausgemachter Pasta.

Es herrscht fröhliche Stimmung – jemand hat an einem schmiedeeisernen Balkon einen knallgelben Smiley befestigt. Es ist, als hätte man hier beschlossen, die positiven Seiten des Lebens zu betonen, kann man doch auf eine lobenswerte Tradition zurückblicken. Denn während der italienischen Befreiungskriege Mitte des 19. Jahrhunderts fanden hier fürchterliche Schlachten statt, mit die letzten noch hoch zu Ross Mann gegen Mann, mit entsetzlich vielen Toten und Verwundeten. Henri Dunant, ein Schweizer Geschäftsmann aus Genf, war dort unterwegs. Im Anblick des Entsetzens half er – zusammen mit den Frauen von Solferino und Umgebung –, die Verletzten zu versorgen. Daraus entstand später die Hilfsorganisation »Rotes Kreuz«, dem im nahen Castiglione delle Stiviere ein Museum gewidmet ist. Doch zurück in die Gegenwart, wo man nach dem Museumsbesuch vielleicht festgestellt hat, dass im Restaurant der Wahl kein Tisch mehr frei ist. Kein Problem, denn die »Beccheria« von Fabiana und Daniele hat feinste Speisen zum Mitnehmen, bereits fertig zubereitet.

Die »Hamburger« werden in der Beccheria zum Spiedo angeboten. Der echte Spiedo Bresciano enthält viele verschiedene Fleischsorten und wird auf großen Drehspießen stundenlang gegrillt.

LO SPIEDO BRESCIANO: EINE REGIONALE SPEZIALITÄT

FLEISCH-GEMÜSE-SPIESSE MIT KARTOFFEL-HAMBURGERN

Kartoffel-Hamburger

650g Kartoffeln
60g Semmelbrösel
50g Grana, frisch gerieben
1 Ei
etwas Petersilie
Olivenöl

Kartoffeln in der Schale kochen. Etwas abkühlen lassen, schälen und noch warm durch die Kartoffelpresse in eine Schüssel drücken. Den Grana zufügen, das Ei mit einer Gabel verschlagen, Petersilie fein hacken und beides zur Kartoffelmasse geben. Mit Salz, Pfeffer und Muskatnuss abschmecken. Von den Semmelbröseln nur so viel verwenden, dass eine formbare Masse entsteht. Hamburger in Olivenöl braten.

Varianten

Unter die Kartoffelmasse junge, fein geraspelte Zucchini heben. Oder statt der Petersilie mit anderen Kräutern experimentieren: Auch Rosmarin, Salbei oder Thymian schmecken fein.

Für Zwiebel-Kartoffel-Hamburger nimmt man 1–2 rote Zwiebeln, schneidet sie in feine Streifen oder Würfel, dünstet sie in etwas Olivenöl an und salzt dabei. Dann gießt man ein Glas Rotwein an und köchelt das Ganze ca. 15 Min., bis die Flüssigkeit verdampft ist. Die Zwiebeln zieht man ebenfalls unter den Kartoffelteig.

Fleisch-Gemüse-Spieße

durchwachsenes Schweinefleisch
Pancetta
Hühnerbrust
Bratwurst
Zucchini, Paprika

Fleisch, Wurst und Gemüse in möglichst gleich breite Stücke schneiden. Die Paprika könnte auch etwas vorgegart werden, man kann sie aber auch roh dazwischen stecken. Alle Zutaten abwechselnd auf Spieße stecken und rundherum sorgsam grillen.

Verschiedene Getreidesorten und Gemüse sind die Grundlage einer deftigen Suppe.

ZUPPA DI CEREALI

GETREIDESUPPE

200g Getreide (z. B. Dinkel)
100g Bohnen (z. B. Borlotti)
1 Zwiebel
1–2 Knoblauchzehen
etwas Tomatenmark
1 Karotte
1 Stange Sellerie
1 Handvoll Petersilie, fein gehackt
Salz, Pfeffer, Olivenöl

Zwiebel und Knoblauch fein hacken, in Olivenöl andünsten, 2–3 EL Tomatenmark einrühren. Gemüsebrühe oder ca. 1,5 l Wasser sowie die Bohnen, die Getreidekörner und das geputzte, klein geschnittene Gemüse zugeben (je nach Jahreszeit kann man auch Knollensellerie, Fenchel, Pastinaken oder frische Tomaten verwenden). Die Suppe ca. 2 Std. bei geringer Hitze köcheln lassen.

Dann die Petersilie zufügen und mit Salz und Pfeffer abschmecken. Etwa ⅓ entnehmen, den Rest pürieren und die Körner wieder zufügen.

Mit frischer Petersilie und Olivenöl servieren.

Der »Carrello« in der Trattoria Avanguardia enthält verschiedene Fleischsorten; Gemüse und Soßen, wie die traditionelle »Pearà«, werden dazu gereicht.

CARRELLO DI BOLLITO MISTO CON PEARÀ E VERDURE

SIEDEFLEISCH MIT SOSSEN UND GEMÜSE

Siedefleisch
Kalbszunge
Rinderschulter
Schweinenacken
Suppenhuhn
Pfefferkörner
Lorbeerblätter
Wurzelgemüse

Es ist kaum möglich, hier genaue Angaben zu machen – es kommt darauf an, wie viele Leute man satt bekommen möchte … Man setzt einen großen Topf auf und gibt die Fleischstücke, die am längsten brauchen, zuerst hinein, salzt ganz sparsam und fügt Pfefferkörner und Lorbeerblätter dazu. Dann siedet man das Fleisch auf kleiner Flamme mehrere Stunden, bis es butterzart ist. Das geputzte Gemüse (Karotten, Sellerie, Petersilienwurzel etc.) gibt man erst gegen Ende der Garzeit zu, so kann man es mitessen. Die Zunge nimmt man heraus, häutet sie noch in warmem Zustand und gibt sie wieder zurück. Zum Servieren schneidet man das Fleisch in Scheiben und reicht die Soßen dazu.

Brotsoße Pearà
100g Semmelbrösel
50g Knochenmark
ca. ½ l Fleischbrühe
Salz, Pfeffer
Olivenöl, Grana

Das Mark mit einem Spitzen Messer aus den Markknochen entfernen, in einem Topf vorsichtig zerlassen, dann durch ein Sieb in einen anderen Topf gießen. Dann fügt man die Semmelbrösel und die Fleischbrühe hinzu. Nun ca. 1,5 Std. köcheln lassen, dabei gelegentlich umrühren. Bei Bedarf noch etwas Brühe zufügen. Schließlich mit Salz, reichlich frisch geriebenem Pfeffer und vielleicht etwas Grana und Olivenöl abschmecken.

Paprikasoße
300g rote Paprikaschoten
einige Zweige Thymian
200ml Gemüsebrühe
4 Eigelbe
60g Butter, kalt, gewürfelt
Salz, Pfeffer, Thymian

Paprikaschoten putzen, fein hacken, mit Gemüsebrühe und Thymianzweigen in einen Topf geben und in ca. 15 Min. weich kochen. Thymian entfernen, Topfinhalt pürieren, anschließend durch ein Sieb in einen frischen Topf streichen, abkühlen lassen. Diesen Topf in ein Wasserbad stellen, Eigelb und Butter zugeben, langsam erwärmen (nicht mehr kochen!) und dabei aufmixen. Mit Salz und Pfeffer abschmecken.

Den See entlang bis ins Valtenesi

SPITZENKLASSE | Das Olivenöl von Comincioli zählt zu den besten der Welt.

Das Herz der Küche

OLIVENÖL VOM GARDASEE

Die Gardaseeregion ist das nördlichste Olivenanbaugebiet der Welt. Die frostempfindlichen Olivenbäume gedeihen hier, weil hohe Berge schützen und der See überdies für milde Winter sorgt. Mit viel Engagement werden bis heute die Hänge des Monte Baldo oder der Brescianer Berge gegenüber mit Ölbäumen bepflanzt; sie verhindern Erosion. Die immense Handarbeit ist mit dem Preis des Öls kaum bezahlt. Doch auch dort, wo die Berge zurück treten und größere Flächen zur Verfügung stehen: Richtig reich wird mit echtem, gutem Olivenöl niemand. Oliven sind klein, die Ernte ist, wenn auch maschinell unterstützt, viel Handarbeit. Für bestes Olivenöl werden die Früchte im Oktober / November möglichst schonend direkt vom Baum geerntet. Idealerweise liegen zwischen Ernte und Verarbeitung nur wenige Stunden. In einer modernen Ölmühle blitzt Edelstahl, die alten Mahlsteine stehen als Dekoration im Hof.

KULINARISCHES MITBRINGSEL

Olivenöl ist ein ideales kulinarisches Mitbringsel, gut gelagert hält es über ein Jahr. Es sollte dunkel und bei kühler Temperatur, aber nicht unter 10 °C, aufgehoben werden und möglichst wenig Sauerstoff abbekommen. Olivenöl kauft man am besten direkt bei einer der Ölmühlen rund um den See oder beim Händler des Vertrauens. Billiges Supermarktöl ist meist geschmacklich und was den gesundheitlichen Wert anbelangt minderwertig. Empfehlenswerte Hintergrundinformationen gibt es bei merum.info.

Olivenöl verträgt hohe Temperaturen, es hat mit 220 °C einen deutlich höheren Rauchpunkt als beispielsweise Sonnenblumenöl. Dennoch sollte hochwertiges Öl am besten roh verwendet werden. »Fare una C« nennen dies die Italiener – etwas Olivenöl in dünnem Strahl am Tisch über das Essen geben. Bewirkt geschmacklich wahre Wunder!

Es mag erstaunlich klingen, aber Schokolade und der Geschmack von kräftigem Olivenöl (wie z. B. Casaliva vom Gardasee) passt bestens.

PRALINE ALL'OLIO DI OLIVA

OLIVENÖL-PRALINEN MIT SALZFLOCKEN

100 g Schokolade, ca. 80 % Kakaoanteil
100 g Vollmilchkuvertüre
50 ml bestes Olivenöl
75 g Butter
2–3 EL Honig, z. B. Akazien- oder Kastanienhonig
Salzflocken

Schokoladesorten und Butter im Wasserbad schmelzen, etwas abkühlen lassen und das Olivenöl sowie den Honig unterheben.

Die Masse in eine mit Frischhaltefolie ausgekleidete Form gießen. Die Größe sollte so bemessen sein, dass es eine Schokoladenschicht von ca. 1 cm gibt. Abdecken und über Nacht im Kühlschrank fest werden lassen.

Dann auf ein Holzbrett stürzen und mit einem angewärmten Messer in Würfel schneiden. Zum Servieren mit Salzflocken bestreuen. Die Pralinen sollten eiskalt serviert werden.

Langsames Garen in Olivenöl macht das Fleisch butterzart – es sollte unbedingt Extra Vergine-Qualität haben.

MANZO ALL'OLIO

RINDERBRATEN IN OLIVENÖL

1 kg Rinderbraten aus der Schulter
je 2 Karotten und Selleriestangen
1 Zwiebel
2 Knoblauchzehen
¼ l Weißwein
ca. ¼ l Olivenöl Extra Vergine
Salz, Pfeffer

Gemüse klein schneiden und in etwas Olivenöl anrösten. Der Topf sollte so groß sein, dass er das Fleischstück gerade eben aufnehmen kann. Das Bratenstück dazugeben, rundherum anbraten und mit Weißwein ablöschen. Den Wein etwas einkochen lassen, dann das Olivenöl angießen.

Temperatur herunterschalten und das Fleisch im abgedeckten Topf etwa 2–3 Std. mehr ziehen als köcheln lassen. Das Fleisch sollte butterweich sein. Die Soße mit Salz und Pfeffer abschmecken. Braten mit Polenta und Gemüse der Saison servieren.

Tipp: Gut passt dazu auch eine Soße aus hart gekochten Eiern, die mit Kapern, Sardellen, Petersilie und Olivenöl verrührt werden.

Ölmühle plus X

FERIENGLÜCK IM OLIVENHAIN

FAMILIENBANDE | In den 1960er-Jahren wurde die Ölmühle gegründet.

In den 1960er-Jahren erwarb Egidio Manestrini im Valtenesi ein gutes Stück Land nebst stattlichem Gebäude darauf. Weil die Fundamente auf ein mittelalterliches Franziskanerkonvent zurückgehen, wurde es »San Rocco« genannt, ein Hotel entstand daraus. In einem Seitenflügel wurde eine Ölmühle untergebracht. Später modernisierte man die Produktionsanlagen und die Ölmühle bekam ein eigenes Gebäude. Zur Erntezeit der Oliven zieht ein unvergleichlicher Duft durch das Haus, denn die Früchte werden täglich verarbeitet. Dies ist ungemein wichtig für die Qualität des Öls, erklärt Tochter Nicoletta, die inzwischen den Betrieb führt.

Im schönen Laden gibt es Olivenöl in bester Qualität, das edle DOP-Öl und Reinsortenöle wie Casaliva oder Leccino. Doch zum Öl gesellen sich viele andere Produkte, die Genießerherzen höherschlagen lassen. Es gibt eingelegte Gemüse, Pesto und Pasten, sogar Kosmetik mit Olivenöl und darüber hinaus von Wein über Grappa oder Balsamico bis hin zu Honig oder Marmeladen viele andere Gardaseeprodukte, die Nicoletta persönlich mit viel Gespür ausgesucht hat. Das eigene Olivenöl wird sowohl im Restaurant der Ölmühle, dem Ristorante »San Rocco«, als auch im Sommerrestaurant am Lido di Manerba in der Küche verwendet. Letzteres heißt »Dalla Cugina« – benannt nach der Cousine, die auch auf dem Foto zu sehen ist und die den bis heute existierenden Campingplatz mit dem schönen Namen »Ferienglück« eröffnet hat.

Wer mag, kauft sie fertig zubereitet in der Ölmühle im Glas – hier das Rezept.

Gardaseeköche sind sich einig – nur erstklassiges Olivenöl sollte zum Frittieren verwendet werden.

INVOLTINI MISTI
GEFÜLLTE GEMÜSERÖLLCHEN

Gemüse wie Zucchini, große Karotten, runde Peperoni oder Paprika

Füllung

100 g sehr weich gekochter Reis
2–3 Sardellenfilets, gehackt
1–2 EL Kapern, gehackt
2–3 EL Petersilie, gehackt
1 EL Balsamico, Olivenöl

Für die Füllung alle Zutaten mit dem Stabmixer pürieren, dabei so viel Olivenöl zugeben, dass eine kompakte Masse entsteht. Mind. 1 Std. durchziehen lassen, dann abschmecken.

Karotten und Zucchini in dünne Scheiben schneiden, kurz blanchieren. Paprika im Backofen backen, bis die Haut dunkel wird, herausnehmen, Haut abziehen und in Streifen von ca. 3 cm schneiden. Die runden Peperoni ebenfalls blanchieren, dann einen Deckel abschneiden, aushöhlen.

Nun aus der Füllung etwa walnussgroße Kugeln formen, damit die Peperoni füllen bzw. mit den Gemüsestreifen umwickeln und mit einem Zahnstocher feststecken. Mit Olivenöl übergießen und nochmal durchziehen lassen.

FISH & CHIPS DI LAGO
FRITTIERTE GARDASEEFISCHE UND KARTOFFELN

Kartoffeln, mehlige Sorte
Fischfilets, z. B. Renke
feiner Hartweizengrieß
reichlich Olivenöl zum Frittieren
Salz

Fischfilets in mundgerechte Stücke zerteilen; wer mag, spießt sie auf Holzspieße. Kartoffeln schälen (junge Kartoffeln nur abbürsten), in mundgerechte Spalten schneiden. Die Fischstücke im Grieß wenden. Zunächst die Kartoffeln frittieren, dann die Fischstücke – sie brauchen nur wenige Sekunden.

Die Menge Öl richtet sich nach der Topfgröße: Das Frittiergut sollte darin schwimmen.

Tipp: Auf die gleiche Weise kann man auch anderes Gemüse zubereiten wie z. B. Karotten- oder Zucchinisticks, Auberginen, Blumenkohlröschen; statt Fisch könnte man Hühnerbrust oder Garnelen verwenden.

Gut schmeckt das Fritto auch im Tempurateig: Dazu aus 140 g Mehl, 20 g Stärkemehl, 200 ml Wasser, 1 Eigelb und 1 Prise Salz einen glatten Teig rühren und im Kühlschrank ca. 1 Std. stehen lassen. Gemüse bzw. Fleisch eintauchen, gut abtropfen lassen und frittieren.

Pfiffig und schnell gemacht – die Füllungsvarianten sind beinahe endlos. Pesto, Olivenpaste, Gemüse …

ROTOLINI AL PESTO

GEFÜLLTE BROTRÖLLCHEN

Toastbrot
Pesto
Basilikumblätter
Tomaten, klein gewürfelt
Sardellen(paste)
Olivenpaste

Vom Brot die Rinde entfernen und mit dem Nudelholz möglichst dünn auswallen. Mit Pesto, Sardellen- oder Olivenpaste bestreichen oder mit Basilikumblättern belegen. Tomatenwürfel oder Oliven darauf verteilen und aufrollen.

Am besten nun zusammengerollt und eng in Frischhaltefolie gepackt im Kühlschrank etwas durchziehen lassen. Quer in Scheiben schneiden und servieren.

Tipp: Auf diese Weise kann man auch fertig ausgerollten Blätterteig füllen. Belegen, zusammenrollen, ins Gefrierfach legen. Dann quer in Scheiben schneiden und bei 180 °C ca. 10 Min. backen.

Einladung ins Paradies

AUSFLUGSZIEL ISOLA DEL GARDA

NOBILTÀ | Familie Cavazza Borghese hat Palazzo und Insel für Besucher geöffnet. Auf dem Festland wird Olivenöl produziert.

Die radelnde Rösterin

LEIDENSCHAFT FÜR EIN LEBENSELIXIER

KAFFEEDUFT | Frisch gerösteter Kaffee, der einmal Rohkaffee war … Der Röstvorgang wird ständig kontrolliert.

Eine einfach schöne Geschichte: Die Allgäuerin Anita lernt beim Skifahren einen Mann kennen, verliebt sich, heiratet und die junge Frau zieht an den Gardasee. Der Schwiegervater betreibt eine kleine, aber feine Kaffeerösterei, benannt nach der Großmutter Genoveva Martini. Anita beginnt, sich für das italienische Lebenselixier zu interessieren und vertieft sich in die Materie, lernt beim Senior, besucht Kurse und lernt viel über die Anbaugebiete der Kaffeekirschen.

Heute röstet sie verschiedene Sorten, ausschließlich Spitzenkaffees. Der Röstvorgang erfolgt langsam und in kleinen Chargen. Ganz ruhig geht sie dabei vor, auch deshalb, weil man den optimalen Röstgrad mit allen Sinnen erfassen muss – die Farbe wird kontrolliert, der Duft nimmt zu und schließlich hört man das sogenannte »Cracking«, das Knistern der Bohnen. Dann öffnet Anita die Rösttrommel und der Kaffee wird zügig gerührt, damit er abkühlt. Die Rösterei befindet sich in Desenzano, erwerben kann man die Kaffeesorten in Anitas kleinem, hübschen Laden im Ortszentrum von Padenghe. Bars der Region beliefert Anita mit dem Fahrrad, für das sie sich einen Anhänger gekauft hat. »Gerade in Sirmione«, meint sie lächelnd, »ist das praktisch«. Das Rad bleibt draußen und sie schlendert mit dem Anhänger durch die Gassen.

Tipps für die Zubereitung: Kaffeebohnen stets frisch mahlen, das Pulver nicht mit sprudelnd kochendem Wasser übergießen, es sollte knapp unter dem Siedepunkt sein, dann schnuppern und genießen.

RÖSTAROMEN | Nur edler Rohkaffee kommt bei Anita in die Trommel.

Es ist zwar etwas aufwendig, aber bis auf den Schaum kann man alles gut vorbereiten. Ein königlicher Abschluss für ein italienisches Menü.

EIN DESSERT-TRAUM MIT KAFFEE: CAPPUCCINO SOLIDO

CAPPUCCINO IN FESTER FORM

Kaffee-Plätzchen
200g Rohrzucker
200g Butter
200g Mandeln, gemahlen
200g Mehl
10g Kaffee, gemahlen

Kaffee-Gelee
100ml starker Espresso
5g Agar-Agar
etwas Zucker

Mascarpone-Kaffee-Schaum
150g Zucker
4 Eier
¼l Sahne
10g Kaffee, gemahlen
250g Mascarpone

Für die Plätzchen alle Zutaten gut vermengen und zu einem festen Teig kneten. Den Teig in Folie wickeln und im Kühlschrank ca. 1 Std. ruhen lassen. Ausrollen und in gleichmäßige Würfel schneiden. Im Ofen bei 150 °C ca. 20 Min. backen.

Für das Gelee den Kaffee erhitzen und nach Geschmack zuckern. Agar-Agar nach Packungsanleitung gut darin auflösen. Abkühlen und im Kühlschrank fest werden lassen. Kurz vor dem Servieren mit einem Stabmixer zu einem Gel aufmixen und anschließend am besten in einen Spritzbeutel füllen. Diesen ggf. noch im Kühlschrank aufbewahren.

Für den Mascarpone-Kaffee-Schaum Zucker und Eier schaumig rühren. Sahne und Kaffee kurz aufkochen, heiß zum Eischaum geben und am besten mit dem Schneebesen verrühren. Schließlich den Mascarpone zugeben und im Mixer oder mit dem Stabmixer schaumig aufschlagen.

Nun in Gläsern anrichten – besonders schön wird es in gläsernen Tassen wie auf dem Foto: Zuerst Crumble-Stücke hineingeben, dann das Kaffee-Gelee aus dem Spritzbeutel in großen Tupfen darauf verteilen und mit Kaffee-Schaum auffüllen. Mit etwas Kakao bestreuen und sofort servieren.

Tipp: Die Kaffee-Plätzchen schmecken auch solo.

Lorenzo Variati von der Bar »La Torre« in Sirmione hat sich Gedanken gemacht, was man mit Anitas Kaffee machen könnte – ein reizvolles und ungewöhnliches Rezept ist dabei herausgekommen.

CREMA DI CECI, POLVERE DI CAFFÈ, FORMAGELLA DI TREMOSINE

KICHERERBSENCREME, KAFFEEPULVER, FORMAGELLA DI TREMOSINE

Suppe
250 g Kichererbsen
1 Zwiebel, geputzt, gewürfelt
1 Karotte, geputzt, gewürfelt
1 Stange Bleichsellerie, geputzt, gewürfelt
2 EL Tomatenmark
1 l Gemüsebrühe
Salz, Pfeffer

Kaffeewaffeln
200 g Eiweiß
80 ml Olivenöl Extra Vergine
80 g geklärte Butter
120 g Mehl
Kaffee, fein gemahlen
Salz

200 g Formagella di Tremosine (Bergkäse aus Tremosine) oder ein anderer junger Bergkäse

Die Kichererbsen über Nacht in reichlich Wasser bei Zimmertemperatur einweichen.

Zwiebel, Karotte und Sellerie in etwas Olivenöl anschwitzen, die eingeweichten Kichererbsen sowie das Tomatenmark zufügen und mit Gemüsebrühe auffüllen. Bei geringer Temperatur etwa 2 Std. köcheln lassen, bis die Kichererbsen weich sind. Dann mit dem Stabmixer pürieren und mit Olivenöl, Salz und Pfeffer abschmecken.

Für den Waffelteig alle flüssigen Zutaten verrühren und mit dem Mehl vermengen. Dünn auf ein mit Backpapier ausgelegtes Blech streichen und den Kaffee darüberbröseln. Bei 150 °C etwa 15 Min. backen. Anschließend in Stücke brechen.

Den Käse in mundgerechte Würfel schneiden und ebenfalls auf ein mit Backpapier ausgekleidetes Blech legen, bei geringer Temperatur im Ofen etwas anschmelzen lassen.

Zum Servieren die Suppe einfüllen, Käsewürfel und Waffelstückchen hineingeben. Mit etwas Olivenöl, frisch gemahlenem schwarzen Pfeffer und gemahlenem Kaffee dekorieren.

Tipp: Die Eigelbe könnte man z. B. für hausgemachte Nudeln (> S. 150 / 151) verwenden.

Natürlich kann man aus Kaffeeresten auch einfach Eiskaffee machen. Aber es gibt viele pfiffige Ideen, die die Küche bereichern und für Überraschung sorgen.

RICETTE CON IL CAFFÈ AVANZATO

KAFFEE-RESTEVERWERTUNG MIT GENUSS

Fruchtiger Kaffeebalsamico

60g Rohrzucker
30ml Espresso
100ml Balsamico
½l Apfelessig
2EL Kaffeebohnen
2–3 Scheiben Ingwer
1TL Korianderkörner
½ Zimtstange

Den Zucker in einer Pfanne leicht karamellisieren, mit Espresso und jeweils der Hälfte von Balsamico und Apfelessig ablöschen, gut durchrühren und etwa auf die Hälfte einkochen lassen. Restlichen Essig und die Gewürze zufügen, kurz erwärmen, dann in eine Flasche abfüllen und 10–20 Tage durchziehen lassen.

Passt zu Grana, Rinderfilet, Krustentieren, Roter Bete, Erdbeeren oder Vanilleeis.

Kaffee-Likör

300ml Kaffee
150g Kandiszucker
125ml hochprozentiger Alkohol wie Rum oder Wodka
1 Vanilleschote

Alle Zutaten in eine Flasche geben und 1 Woche durchziehen lassen. Dabei mehrmals schütteln, damit sich der Zucker auflöst. Passt wunderbar zu Eis oder aromatisiert Tiramisu.

Kaffee-Gewürz-Marinade für Hühnchen

30ml Espresso
1 Zimtstange
1 Sternanis
1 Kapsel Kardamom
einige Körner schwarzer Pfeffer
etwas Salz

Alle Zutaten mischen, über die Hähnchenschenkel geben und über Nacht im Kühlschrank durchziehen lassen. Am nächsten Tag Hühnchen – ggf. unter Zugabe von Karottenwürfeln und Zwiebeln – im Ofen garen, dabei die Marinade immer wieder angießen.

Taverna mit Seeblick

KREATIVE GARDASEEKÜCHE MIT AUSFLÜGEN

Stefano Slaviero ist Gastronom aus Leidenschaft, Patron der »Taverna Picedo« im gleichnamigen Örtchen zwischen Polpenazze und Moniga auf dem Hügel gelegen. Er versteht es meisterhaft, regionale Gerichte mit Kreativität zu verfeinern – so serviert er zum Beispiel den traditionellen Hecht auf Püree von lila Kartoffeln. Er pflegt engen Kontakt zu den Produzenten vor Ort und lässt seine Gäste daran teilhaben.

Was ist »Gardaseeküche«?

Stefano Slaviero: Natürlich sind die Fische des Sees wichtig. Aber hier im Hinterland würde ich sagen, Wein und Olivenöl sind die zentralen Produkte. Von beiden haben wir hier herausragende Qualität.

Wein scheint deine Leidenschaft zu sein.

Oh ja (lächelt), es ist ein Thema, das nie aufhört, spannend zu sein. Es gibt ja den schönen Spruch, das Leben sei viel zu kurz, um schlechten Wein zu trinken. Dem stimme ich absolut zu.

Wo kommen die Weine der Taverna Picedo her?

Bei einigen kann man wirklich »Kilometro zero« sagen, also direkt aus Polpenazze oder Moniga. Hier im Valtenesi gibt es so viele interessante Weinbaubetriebe wie beispielsweise die »Cantina Le Sincette«. Vor wenigen Jahren stellte der Betrieb als erster hier in der Region auf Demeter-Anbau um, die Weine sind inzwischen ausgezeichnet und charaktervoll. Eine beachtenswerte Entwicklung. Aber auch anderswo entstehen Weine, denen man

WEINLIEBHABER | Stefano präsentiert mit Leidenschaft fantastische Weine und köstliche Küche.

Aufmerksamkeit schenken sollte. Wein ist vielfältig, fantasievoll und bereichert das Leben.

Welches Olivenöl kommt in deine Küche?

Unser Olivenöl hier ist ausgezeichnet. Immerhin wurde das Öl eines Produzenten am Ort – Gianfranco Comincioli – vor einiger Zeit in New York als bestes Olivenöl der Welt gekürt. Allerdings: Sein »umero uno« sollte man nur roh verwenden, am Tisch, um Speisen den letzten Pfiff zu geben.

Und welches Öl verwendest du dann für dein köstliches »Fritto Misto«?

Selbstverständlich auch Extra Vergine-Olivenöl der Region, sonst schmeckt das Fritto nicht. Wäre ja auch schade für die anderen guten Produkte.

Die kaufst du auch regional ein?

Ja, soweit möglich schon, aber im Prinzip ist es mir vor allem wichtig, qualitätsvolle Produkte auf den Tisch zu bringen. Gemüse kommt von Bauern der Region, Fischer bringen täglich Gardaseefisch und für alles aus dem Meer habe ich beste Lieferanten, die mir fangfrische Ware liefern, und Fleisch kommt von ausgesuchten Produzenten.

Welche Rolle spielt die Jahreszeit bei der Zusammenstellung der Speisekarte?

Oh, eine immens große! Die Speisekarte wechselt jeden Monat, manchmal sogar alle drei Wochen. Dazu gibt es immer mal Tagesgerichte, wenn mir zum Beispiel jemand Waldpilze bringt – oder ich selbst welche gefunden habe (lacht).

Das Tatar schmeckt auch mit frischen Süßwasserfischen wie Lachsforelle oder Saibling.

TARTARA DI SALMONE CON SALSA

TATAR VOM BIOLACHS MIT CURRY-JOGHURT-SOSSE

200g Biolachs
Olivenöl vom Gardasee
Salz, Pfeffer
½ Bund Schnittlauch, fein geschnitten
1 EL Curry, Olivenöl
1 Becher Joghurt
Weißbrot

Vom Lachs Haut und alle Gräten entfernen. Mit einem scharfen Messer sehr fein hacken. Dann das Lachstatar mit Olivenöl, Salz, Pfeffer und fein geschnittenem Schnittlauch mischen. Mithilfe einer Form auf dem Teller anrichten.

In einem kleinen Topf etwas Olivenöl erhitzen, den Curry 2 Min. darin anschwitzen, abfiltern. Nun dieses Öl mit dem Joghurt vermischen. Mit Salz, Pfeffer und etwas Curry abschmecken und zum Lachstatar servieren.

Vom Brot sehr dünne Scheiben schneiden, die Brotscheiben kurz in Olivenöl vorsichtig anrösten und noch heiß zu Rollen formen, das Tatar damit dekorieren.

Der Rezeptklassiker Carpaccio kreativ aufgepeppt. Die Zitronensalsa von > S. 64 passt dazu.

FAGOTTINO DI CARPACCIO

CARPACCIO-KUGELN MIT SALATFÜLLUNG

200g Rindercarpaccio
1 kleine Fenchelknolle
2 Handvoll Frühlingssalate
1–2 Karotten, geraspelt
einige Kirschtomaten
Zitronensaft
bestes Olivenöl
Romanasalat in Streifen
100g Grana
Salzflocken

Fenchel putzen und in dünne Streifen schneiden. Frühlingssalate, Karotten, Fenchelstreifen und halbierte Kirschtomaten in eine Schüssel geben. Olivenöl mit Zitronensaft mixen und mit Salz abschmecken. Den Salat damit würzen, etwas von der Soße für den Romanasalat aufheben.

Diesen ebenfalls putzen, waschen und in Streifen schneiden, mit dem Rest der Soße vermengen.

Carpaccio am besten auf einer Folie auslegen, etwas vom gemischten Salat in die Mitte geben und eine Kugel formen. Romanasalat auf Teller geben und die Carpaccio-Kugeln jeweils in die Mitte setzen. Grana darüberhobeln und mit Salzflocken bestreuen.

Auf dem Foto sieht man noch San Vigilini (> S. 35) und Sbrisolona (> S. 94) in Miniförmchen präsentiert sowie Sesamkrokant.

KLEINE KUNSTWERKE: PICCOLA PASTICCERIA

FEINES GEBÄCK ZUM KAFFEE

Mürbteig Grundrezept

500g Mehl *250g Zucker* *½ Pck. Backpulver* *2 kleine Eier* *250g Butter, kalt*	Mehl, Zucker und Backpulver vermischen, Eier in die Mitte geben und die (kalte) Butter in Flöckchen darauf geben. Mit kalten Händen schnell zu einem Teig kneten, eine Kugel formen und dann im Kühlschrank mindestens 2 Std. ruhen lassen. Teig ausrollen und bei 180 °C Ober-/Unterhitze knapp 10 Min. backen.

Einige Vorschläge für Varianten

Dem Teig 10 g Zimt oder 50 g geriebenen Ingwer oder den Abrieb von 2 Bio-Orangen zugeben und jeweils eine unterschiedliche Form geben (z. B. Kreise oder Quadrate). Für dunkle Kekse 30 % Mehlmenge durch Kakao ersetzen und mit Puderzucker bestreut servieren.

Meringen mit Zitronenduft

4 Eiweiße *1 EL Zitronensaft* *250g Puderzucker*	Eiweiße mit Zitronensaft mischen und sehr steif schlagen, dabei den Puderzucker von Beginn an einrieseln lassen. Masse in einen Spritzbeutel mit gezackter Tülle geben und kleine Tuffs auf ein mit Backpapier ausgelegtes Backblech spritzen. Bei 100 °C ca. 1,5 Std. mehr trocknen als backen, dabei gelegentlich die Ofentür öffnen, damit die Feuchtigkeit entweichen kann.

Sesamkrokant

200g Zucker *50g Sesamsaat*	Erst die Hälfte des Zuckers in eine Kasserolle geben, dann nach und nach den restlichen Zucker zufügen und hellbraun schmelzen lassen. Den in einer Pfanne ohne Fett kurz angerösteten Sesam zugeben, umrühren. Dann sofort auf eine eingeölte Platte gießen und noch warm in Stücke schneiden.

POLENTA | Traditionelle Sorten werden in der historischen Mühle zu Grieß gemahlen.

Tradition bewahren

QUARANTINO STATT MONSANTO

Stefano Ambrogio ist der Präsident einer kleinen, aber sehr aktiven Vereinigung. Zehn Mitglieder hat sie, einige davon sind Biobauern, andere bauen den Mais nebenher, eher als Hobby, an. »Unsere Tätigkeit hier ist nicht in erster Linie zum Geldverdienen gedacht«, so Stefano, »wir machen es für unsere Region und zum Erhalt der alten Sorten, die hier seit Jahrhunderten gedeihen«. Quarantino heißt die wichtigste regionale Maissorte, dazu gesellen sich noch andere, die alle überhaupt nicht so aussehen, wie die »industriellen«. Unregelmäßig sind die Körner, teils gelb, teils kupferrot, urig anzusehen. »Auf den Feldern bauen wir immer zwei bis drei verschiedene Sorten an, damit die Qualität des Mehls konstant ist.« Bewässert werden müssen die Maisfelder mit den alten Sorten übrigens nicht.

Die Mühle liegt in Bedizzole am Fluss Chiese und wurde mit vereinten Kräften 2008 renoviert. Jeden Sonn-tag ist sie geöffnet und man kann das hochgelobte Maismehl kaufen. Polentaliebhaber sollten unbedingt vorbeischauen, die Mühle von 1850 bestaunen und einen Vorrat mitnehmen. Wie so oft bei besonders liebevoll gepflegten Produkten: Der Grieß schmeckt hervorragend und hat exzellente Kocheigenschaften. Auch deshalb, weil durch das Steinmahlwerk alle Inhaltsstoffe und der wertvolle Keim erhalten bleiben.

POLENTA IN DER KÜCHE

Die Grundzubereitung geht so: Man nimmt 2 Liter Wasser auf 500 g Polentagries, etwas Salz und lässt den Grieß ins kochende Wasser rieseln, wobei man mit einem Schneebesen so lange rührt, bis es nicht mehr geht. Dann wird der Brei 1 Stunde bei kleiner Hitze gekocht und regelmäßig mit einem Holzlöffel umgerührt. Es gibt feines und gröberes Polentamehl. Für rustikale Gerichte oder auch für die gegrillte Polenta eignet sich gröberes. Will man einen Polentabrei, nimmt man das andere und etwas mehr Wasser oder verfeinert auch mit etwas Milch.

Eine feine Vorspeise, die man schon einplanen kann, wenn es sowieso Polenta gibt. Sonst ist es eine ideale Resteverwertung mit hohem Genusswert.

MEDAGLIONI DI POLENTA
POLENTA-MEDAILLONS

ca. 300 g Polenta, vorbereitet wie nebenan
1–2 Zucchini
8 Scheiben Pancetta
Scamorza oder Taleggio
Kräuter zum Verzieren

Polentabrei ca. 1 cm dick auf ein geöltes Backblech streichen und erkalten lassen. Dann Kreise von ca. 5 cm Ø ausstechen. Wiederum auf ein geöltes Backblech setzen und bei 200 °C Ober-/Unterhitze ca. 10 Min. knusprig backen.

Inzwischen die Zucchini in Streifen hobeln, die sehr dünn und sehr gleichmäßig sein sollten. Sind sie zu dick, sollte man sie kurz in Salzwasser blanchieren. Zucchini dann mit Pancetta belegen und die Polentakreise damit einkleiden. In die Mitte den Käse geben und im Ofen überbacken, bis die Pancetta knusprig und der Käse geschmolzen ist. Mit Kräutern wie Oregano bestreuen und sofort servieren.

Tipp: Man kann die Polenta-Törtchen auch mit Gemüseragout füllen oder mit Oliven anreichern.

Köstliche Bällchen, ganz ohne Mehl und besonders zart. Sie schmecken gut zum Espresso oder einfach so.

CHICCHI D'ORO
GOLDBÄLLCHEN

100 g Butter
150 g Zucker
300 g Stärkemehl
250 g feines Maismehl
125 g Joghurt
1 Pck. Backpulver
nach Belieben zur Verzierung: Mandeln, Marmelade, Schokoperlen …
Puderzucker

Butter und Zucker schaumig schlagen. Stärke- und Maismehl sowie das Backpulver mischen. Nach und nach zur Buttermasse geben, ebenso wie den Joghurt.

Dann Bällchen von ca. 1 cm Ø formen, auf ein mit Backpapier ausgelegtes Blech geben und 20 Min. gehen lassen. In der Zwischenzeit den Backofen auf 200 °C vorheizen.

Die Kugeln nun nach Belieben mit einem Klecks Marmelade, einer Kaffeebohne in Schokolade, Schokoladenperlen oder einer Mandel verzieren. Dann ca. 20 Min. backen, noch warm mit Puderzucker bestäuben.

Aus Omas Kochbuch

SLOW FOOD ANNO DAZUMAL

HOLZFEUER | Am Herd und im Kamin wurde das Essen früher zubereitet. Stundenlang schmurgelte das Fleisch ganz alleine vor sich hin; Polenta hingegen rührte man geduldig im Kessel.

Mit Salat wird eine Hauptspeise daraus. Mehl wird für Frittata nicht verwendet.

FRITTATA AI FUNGHI

PILZ-OMELETT

250 g Pilze
2–3 Eier
1 Schuss Milch
1 Schuss Sekt oder Mineralwasser
1–2 EL Grana oder Parmesan, gerieben
Paprikapulver
Salz, Pfeffer, Butter

Pilze in feine Scheiben schneiden und beiseitestellen. Dann die Eier mit Milch und Sekt oder Mineralwasser gut verquirlen, Käse zufügen und abschmecken.

Butter in der Pfanne zerlassen, Eimasse dazugeben und keinesfalls zu heiß vorsichtig stocken lassen. Wenn die Unterseite zart gebräunt, die Oberseite aber noch etwas flüssig ist, die Pilze darauf verteilen und fertig garen. Abkühlen lassen und in Stücke schneiden.

Als Hauptspeise kann man das Omelett auch zusammenklappen, warm servieren und dazu einen Blattsalat reichen.

Tipp: Statt der Pilze kann man auch andere Gemüse wie etwa grünen Spargel verwenden, den man vorher in Olivenöl kurz anbrät.

Gut, dass alte Rezepte erhalten blieben. Früher verwendete man alle essbaren Teile eines Tieres, auch die Kutteln.

TRIPPA ALLA PARMIGIANA

GESCHMORTE KUTTELN

1 kg Kutteln, küchenfertig
2 Karotten
1 Stange Sellerie
1 Zwiebel
etwas Rosmarin
2 Lorbeerblätter
1 EL Wacholderbeeren
Olivenöl
2 EL Tomatenmark
1 Glas Weißwein
Grana oder Parmesan

Gemüse putzen, grob zerkleinern, zusammen mit den Kutteln und den Gewürzen in einen Topf geben und Wasser angießen, bis alles bedeckt ist. Dann ca. 2 Std. köcheln lassen, bis die Kutteln weich sind. Etwas erkalten lassen, Kutteln entnehmen und in feine Streifen schneiden. Die Gewürze entfernen, den Rest der Brühe pürieren.

Olivenöl in einen weiteren Topf geben, die Kutteln kurz darin anrösten, Tomatenmark zugeben, gut durchrühren und mit dem Weißwein ablöschen. Brühe zugeben und nochmals ½ Std. köcheln lassen. Mit Grana servieren.

Sowohl Fleisch wie auch Polenta können am Vortag zubereitet werden. Das Fleisch gewinnt dadurch an Aroma, die Polenta lässt sich gut schneiden, wenn sie über Nacht im Kühlschrank ruht.

STRACOTTO CON POLENTA ALLE VERDURE

SCHMORFLEISCH MIT GEMÜSEPOLENTA

Schmorfleisch
ca. 1 kg Fleisch (z. B. Rindfleisch aus Wade oder Schulter)
2 Karotten
2 Stangen Bleichsellerie
2 Zwiebeln
3 Knoblauchzehen
1 EL Pfefferkörner
1 Zweig Rosmarin
ca. 1 l Fleisch- oder Gemüsebrühe

Polenta
500 g Maisgries für Polenta
Gemüse wie Karotten, Paprika oder Zucchini
Salz, Pfeffer, Muskatnuss
200 g Grana oder Bergkäse wie Bagoss

Für das Schmorfleisch schneidet man das Fleisch in Stücke von etwa 5 cm, brät sie rundherum in Olivenöl an. Dann gibt man das Gemüse und die Gewürze hinzu, gießt mit dem Wein an und lässt ihn unter Rühren verdampfen. Dann gießt man die Brühe zu, wartet, bis sie köchelt, setzt einen Deckel auf und lässt das Fleisch bei geringer Hitze ca. 3–4 Std. schmurgeln. Ab und zu sollte man umrühren. Die Kochdauer hängt vom Fleisch ab; grundsätzlich gilt: lieber länger und bei niedrigerer Temperatur als zu schnell. Das Fleisch sollte beim Umrühren zerfallen. Ist das Fleisch fast gar, lässt man den Deckel weg, damit etwas Flüssigkeit verdampft. Erst gegen Ende schmeckt man mit Salz und Pfeffer ab.

Die Polenta kann man entweder wie auf > S. 140 beschrieben zubereiten, dann in eine flache Form pressen und vollständig erkalten lassen. Dann schneidet man sie in Scheiben und grillt sie.

Für die Gemüsepolenta brät man zunächst Gemüse wie Paprikaschoten, Karotten oder Zucchini – alle in kleine Würfel geschnitten – in etwas Butter oder Olivenöl an. Dann bereitet man die Polenta zu und gibt etwa nach der Hälfte der Kochzeit das Gemüse dazu und würzt mit Salz, Pfeffer und Muskatnuss. Ist sie fast fertig, hebt man ca. 200 g Grana unter und lasst sie ruhen. Auch sie wird dann aufgeschnitten in Olivenöl oder Butter angebraten.

AUFGESCHRIEBEN | Die besten, interessantesten und schönsten Seiten des Gardasees …

Gardasee entdecken

INSIDERWISSEN FÜR NEUGIERIGE

Ute Scobel stammt aus Deutschland und lebt mit ihrer Familie am Gardasee. Aus Leidenschaft für diese faszinierende Landschaft gründete sie vor sechs Jahren die Zeitschrift »Gardasee Inside«. Sie beschäftigt sich mit der eher unbekannten Seite dieser Region, mit Themen, die nicht in jedem Reiseführer stehen. Das Credo der Zeitschrift lautet »Neues und neu Entdecktes«. Genau das wird in der Online-Zeitschrift »GardaInside« präsentiert.

»Kurzgeschichte«: Wie bist du am Gardasee gelandet?
Ute Scobel: Mein Mann arbeitete bei Dr. Oetker in Bielefeld und wurde zu der italienischen Tochtergesellschaft versetzt, um Tiefkühlpizza in Italien einzuführen, was sehr viel Gelächter und Skepsis auslöste.

Haha, so was wie Eulen nach Athen tragen …
Heute ist Dr. Oetker (bzw. Cameo, so der Name in Italien) Marktführer für Tiefkühlpizza … und wir sind mit Leib und Seele ausgewandert. Das ist 20 Jahre her.

Wie lebt es sich als deutsche Familie am Gardasee?
Sehr gut! Wir haben italienische Freunde, die es lieben, zu unserem »Nikolausgrillen« um den 6. Dezember zu kommen. Es gibt aus italienischer Sicht sehr wenig, also kein üppiges Menü, sondern immer nur Nürnberger Rostbratwürstl, vorbereiteten Teig für Waffeln, Glühwein. Im ersten Jahr kamen die Mädels typisch italienisch mit 12 cm hohe Absätzen und Minirock. Nach maximal 20 Minuten saßen sie drinnen und haben das eigentliche Fest verpasst. Es ist mittlerweile zu einer »Institution« geworden. Fazit: Hier zu leben ist ein echtes Geschenk und wir sagen jeden Tag »Danke«!

Was sind die Lieblingsspeisen deiner Familie?
Wir haben im Herbst / Winter bevorzugt deutsche Speisen auf dem Plan, die den Magen und das Herz wärmen, wie Kartoffelsuppe, Gans (zu Weihnachten) und Würstelgulasch (Rezept meiner Mama).

Im Frühjahr / Sommer essen wir quasi nur mediterrane Gerichte. Es gibt viel Gemüse, Fisch und Fleisch vom Grill, dazu Salate und Dips. Meine Töchter lieben Spaghetti mit Pesto, oft gibt's auch schnelle Amatriciana, wofür man einfach Speck in ganz kleinen Würfeln in der Pfanne brutzelt, Tomaten aus der Packung dazugibt, würzt, fertig. Und seit ich dich kenne, gibt es ganz oft gefüllte Zucchiniblüten in verschiedenen Varianten, meist aber mit Ricotta und Basilikum.

Und seit ich dich kenne, habe ich den ganzen Sommer Basilikum satt, weil ich wie du nur 3–4 Pflänzchen in einen großen Topf setze. Die Pflanzen werden einen halben Meter hoch …
Aber vergiss nicht, immer die oberen Spitzen zu ernten, denn wenn er blüht, treiben keine neuen Blätter mehr!

Wo kaufst du Gemüse ein?
Gleich bei uns in der Nähe gibt es einen Bauern, der ab Hof die herrlichsten Gemüse und Früchte verkauft – Kochtipps bekommt man gratis dazu. Einer der ersten Biobauern der Region.

Gibt es Kulinarisches, was ihr aus Deutschland vermisst?
Oh ja! Sauerteigbrot, Leberwurst, Fleischsalat …

Zu deiner Zeitschrift: Wie kam's zu der Idee?
Ich hatte immer das Bedürfnis, diesen Reichtum an Gegend mit allen Neugierigen und Interessierten zu teilen. Dabei war es immer mein Ziel, auf die Suche nach dem Unentdeckten zu gehen, also nach Informationen rund um die Themen Gastronomie, Veranstaltungen, Geschichte, Kultur, die man üblicherweise nicht findet.

Spielt da auch gutes Essen und Trinken eine Rolle?
Absolut! Nichts ist inniger und intensiver als eine laue Sommernacht in Italien mit einer perfekten Pasta und einem Glas Lugana.

Deine Lieblingsrestaurants, -bars …
»Da Gianni« in Rivoltella. Die Trattoria ist quasi meine »Familie«, bis heute unser Platz Nr. 1 für Fleisch (Bistecca Fiorentina) und hausgemachte Pasta. Zeichnet sich nicht wirklich durch Schönheit der Location aus, aber man sitzt wie bei Muttern im Wohnzimmer aus den Sechzigern und speist alla grande! Für Aperitivo und Sundowner ist es die Bar »Il Fiore« am Spiaggia Brema in Sirmione. Phänomenaler Sonnenuntergang bei bestem Spritz aller Zeiten und hauchdünn aufgeschnittener Mortadella, Chips, Oliven und Co.

Ein gesunder Familienklassiker, wenn es ganz schnell gehen soll. Wichtig allerdings: frische Zucchini vom Gärtner und gute Wurst.

ZUCCHINE FARCITE

GEFÜLLTE ZUCCHINI-SCHIFFCHEN IM TOMATENSEE

1 Dose stückige Tomaten
4 Zucchini
4 Salsicce (grobe Bratwurst)
Parmesan oder Grana, frisch gerieben
Salz, weißer Pfeffer
Oregano, getrocknet

Die Tomaten in einen Topf geben und mit Salz, Pfeffer und getrocknetem Oregano würzen. Etwa 10 Min. köcheln lassen.

Zucchini in der Mitte teilen und aushöhlen, salzen, damit sie Wasser ziehen, und 10 Min. auf die Schnittfläche legen. Dann umdrehen und die Bratwurst (alternativ Hackfleisch, wie für Frikadellen angemacht) mittig darauf legen.

Tomatensud in eine Auflaufform geben, gefüllte Zucchini hineinsetzen und bei 180 °C ca. 20 Min. im Ofen garen.

Reichlich Grana oder Parmesan darüberreiben und nochmals 5 Min. im Ofen überbacken.

Spaghetti Aglio, Olio e Peperoncino kennen viele. Wir haben das Rezept abgewandelt: Jetzt ist die Pasta schön bunt und schmeckt garantiert allen.

LINGUINE AGLIO, OLIO E VERDURE

BUNTE LINGUINE

400 g Linguine
8 Zucchini
8 große Karotten
ca. ¼ l gutes Olivenöl
5–6 Knoblauchzehen
etwas gute Gemüsebrühe ohne Glutamat
Salz, weißer Pfeffer
schwarzer Pfeffer aus der Mühle

Zucchini und Karotten in Juliennes schneiden (am besten mit einem Julienne-Schneider, ansonsten längs in dünne Scheiben und die wiederum in Streifen schneiden).

In einer großen Pfanne reichlich Olivenöl erhitzen, den Knoblauch hineinpressen, kurz anbraten, dann die Karottenstreifen dazugeben, mit Gemüsebrühe angießen, ca. 3–4 Min. dünsten. Die Zucchinistreifen dazugeben, ca. 1–2 Min. weiterdünsten – das Gemüse soll unbedingt knackig bleiben! Eventuell mit Olivenöl, Salz, Pfeffer und Brühe nachwürzen. Pasta al dente kochen und zum Gemüse geben.

Am Tisch bestes Olivenöl, frisch geriebenen Grana oder Parmesan und eine Mühle mit schwarzem Pfeffer bereitstellen. Wer es scharf mag, stellt auch Chili-Öl oder zerbröselte getrocknete Chilischoten bereit.

»Wenn die ersten Knospen aufbrechen und wir den Frühling erahnen, fordert meine Familie dieses Lieblingsgericht ein«, schmunzelt Ute Scobel.

SPAGHETTI PRIMAVERA

SPAGHETTI IN FRÜHLINGSLAUNE

400g Spaghetti
1 Bund grüner Spargel
1 Handvoll Kirschtomaten
200ml gute Hühnerbrühe
1 Handvoll Basilikumblätter
etwas Chili
1 Bio-Zitrone
150ml Sahne
1 TL Safranfäden
Grana, frisch gerieben

Spargel nur am unteren Ende schälen, in Stücke schneiden und in Olivenöl anbraten, Kirschtomaten ggf. halbieren, kurz mitziehen lassen und mit Salz und Chili würzen.

Dann die Schale der Zitrone abreiben, Saft auspressen. Sahne, Brühe und Zitronenschale in einem Topf aufkochen, dabei gelegentlich umrühren und weitere 10 Min. köcheln lassen. Mit Zitronensaft, Salz und Pfeffer abschmecken und den Safran einrühren.

Spaghetti knapp gar kochen. In einer Servierschüssel Pasta und Soße gut vermischen, Gemüse dazugeben. Basilikumblätter in Stücke zupfen, darübergeben und mit Grana servieren.

Bei Familie Scobel gibt es das leckere Gericht meist ohne Teig, einfach als Auflauf. Dazu wird frische Ciabatta vom Bäcker gereicht.

TARTE TATIN DI POMODORI

TOMATEN-TARTE TATIN

Olivenöl für die Form
500g Tomaten
200g Feta
Thymian
1–2 Knoblauchzehen
Salz
Pfeffer
Fertig-Blätterteig

Tomaten in Scheiben schneiden, Olivenöl in die Form geben, Tomaten dachziegelartig hineinlegen. Thymianblättchen abzupfen, Knoblauch schälen, in feine Scheiben schneiden. Zu den Tomaten geben, leicht salzen, pfeffern. Den Feta darauf verteilen und für etwa 20–30 Min. bei 120°C in den Backofen geben. Die Dauer hängt ein wenig von den Tomaten ab: Sind sie sehr saftig, sollten sie länger im Ofen bleiben.

Die Form dann herausnehmen, mit Blätterteig bedecken und bei 180°C backen, bis der Teig eine schöne, goldene Farbe hat. Tarte stürzen und lauwarm servieren.

Tipp: Auf diese Art kann man auch andere Gemüsekuchen zubereiten und z.B. Zucchini, Auberginen oder Paprika verwenden. Statt Thymian passen auch andere Kräuter wie Zitronenverbene, kleinblättriger Basilikum oder Oregano.

Pasta fatta in Casa

HAUSGEMACHTE NUDELN

Hausgemachte Eiernudeln sind eine Köstlichkeit und mit denen aus der Packung nicht zu vergleichen. Eiernudeln nehmen den Trockenvorgang übel, weswegen gute Köche die Pasta entweder täglich frisch zubereiten oder (für kurze Zeit) einfrieren. Man formt die Bandnudeln zu Nestern und gibt sie auf ein Tablett, gefroren füllt man sie dann in Beutel und kann sie so auch portionsweise entnehmen. Grundlegend gilt für jeden Nudelteig: Die Eier müssen Zimmertemperatur haben. Wie viele Eier man pro Kilo Mehl verwendet, ist flexibel: 4 bis 5 sollten es mindestens sein, 10 sind auch gut. Manche Köche oder Hausfrauen nehmen ein paar ganze Eier und ergänzen den Rest mit Eigelb. Was das Mehl anbelangt, so kann man mit verschiedenen Sorten (z. B. Dinkelmehl) und Ausmahlgraden experimentieren sowie Mehl und Hartweizengrieß mischen. Den Nudelteig gibt man am besten durch eine handbetriebene Nudelmaschine (> linkes Bild), sofern man nicht eine Nudelmaschine besitzt (> zweites Foto rechts).

PASTASPEZIALITÄTEN

Am Monte Baldo werden im Winter Kastaniennudeln serviert. Hierfür wird Kastanienmehl und Weizenmehl gemischt. Für »Paglia e Fieno«, Stroh und Heu, braucht man grünen Nudelteig. Dafür nimmt man entweder frische Kräuter (wie Bärlauch, Löwenzahn oder Petersilie) oder Spinat. Die Kräuter püriert man mit möglichst wenig Wasser und knetet sie unter den Teig. Spinat wird tropfnass gekocht und dann püriert, ca. 300 g Spinat auf 500 g Mehl sollten es schon sein. Traditionell sind »Bigoli al Torchio« – die Eierspaghetti, die man durch eine Presse (Torchio) drückt. Zuhause könnte man einen Fleischwolf mit der groben Scheibe nehmen, das Messer aber natürlich weglassen. Für Bigoli nimmt man 3–4 Eier pro Kilo Mehl, oft auch Vollkornmehl und helles Mehl gemischt.

PASTASORTEN | Breite Tagliatelle, feine Tagliolini oder Bigoli

»Sugo finto« (falscher Sugo) wird dieses Gericht genannt. Durch fein gewürfelte Gemüse sieht er aus, als sei er mit Hackfleisch zubereitet. Mit Hackfleisch wird daraus eine klassische Bolognese.

SUGO FINTO – SUGO VERO

PASTASOSSE MIT UND OHNE FLEISCH

1 rote Zwiebel
Olivenöl
300 g Karotten
200 g Knollensellerie
1 Handvoll getrocknete Tomaten
1 kleines Glas Wein
1 Knoblauchzehe
400 g Tomaten (frisch oder aus der Dose)
etwas Balsamico
Kräuter nach Belieben (z. B. Petersilie oder Rosmarin)
Salz, Pfeffer, Peperoncino

Zwiebel schälen, würfeln und in Olivenöl glasig dünsten. Karotten und Sellerie putzen und dann ebenso wie die getrockneten Tomaten sehr fein würfeln (Karotten und Sellerie zuerst in dünne Scheiben, dann in Streifen schneiden, dann würfeln). Zur Zwiebel in den Topf geben; so durchrösten, als würde man Hackfleisch anbraten, also zunächst bei größerer Hitze, dann bei etwas sanfterer. Mit Wein ablöschen, den Wein vollständig verdampfen lassen. Knoblauchzehe schälen, fein schneiden, dazugeben. Mit Tomaten aus der Dose auffüllen (frische Tomaten klein schneiden und vorher ggf. häuten) und bei sanfter Hitze etwa 40 Min. durchköcheln lassen. Ab und zu umrühren. Mit Salz und Pfeffer abschmecken (vorsichtig, denn getrocknete Tomaten sowie auch Dosentomaten sind oft schon gesalzen). Mit einem guten Schuss Balsamico abschmecken. Kräuter fein hacken, dazugeben und alles nochmal ca. 15 Min. kochen lassen.

Klassische Nudelsoßen

In Italien ist ein Pastagericht nicht unbedingt eine Hauptmahlzeit, sodass meist sehr viel weniger Sugo pro Person gerechnet wird. Die Soße soll die Nudel nur zart umkleiden, auch die klassische Soße aus Bologna mit Fleisch. Hier geht man genauso vor, wie beim oben beschriebenen Sugo »finto«, nur dass man ca. 200–300 g Hackfleisch (vom Rind, vom Schwein oder gemischt) mit dem Gemüse anbrät. Die Fleischsoße darf ruhig 3–4 Std. auf ganz kleiner Flamme köcheln. Übrigens bietet es sich an, gleich einen großen Topf Sugo zu kochen. Man friert ihn dann portionsweise ein und hat so schnell ein gutes Essen zubereitet. Eine große Schüssel Salat dazu und die Mahlzeit ist komplett.

Eine köstliche Nudelsoße, die nicht mehr Zubereitungszeit braucht, wie die dazu passenden Tagliatelle Kochzeit benötigen.

Für diesen Sugo verwendet man die Vorderläufe, Bauchlappen etc. des Tieres. Aus Rückenfilet und Keulen kann man andere Gerichte zubereiten.

LINGUINE AL SUGO DEL GARDA

LINGUINE MIT GARDASEEFISCHEN

1 Zwiebel
1 Karotte
1 Stange Staudensellerie
verschiedene Gardaseefische wie Renke, Barsch, Schleie …
1 Glas Weißwein
1 Handvoll Kirschtomaten
Salz, Pfeffer, Zitronenabrieb
Olivenöl

Zwiebel, Karotte und Sellerie sehr fein hacken und in etwas Butter in einer Pfanne weich schmoren. Die Fischfilets leicht salzen, zum Gemüse in die Pfanne geben und mit dem Weißwein angießen; kurz ziehen lassen. Kirschtomaten zugeben, mit Salz, Pfeffer und Zitronenabrieb abschmecken.

Tipp: Man kann natürlich auch Kräuter zufügen, wie z. B. Estragon, der gut zu Fisch passt, oder auch Petersilie. Welche Fische man verwendet oder ob man den Sugo nur mit einer Fischart zubereitet, bleibt jedem selbst überlassen. Ein paar Kapern runden das Gericht ab. Käse wird zum Fischsugo natürlich nicht serviert.

SUGO DI CONIGLIO

KANINCHENSUGO

Kaninchenteile
Olivenöl
Weißwein
Brühe
1 Zwiebel
2 Knoblauchzehen, fein gehackt
1 Karotte
1 Stange Bleichsellerie
einige Lorbeerblätter
Salbei, Rosmarin

Die Kaninchenteile in einem weiten Topf in Olivenöl rundherum kurz anbraten, mit Wein ablöschen. Dann mit Brühe knapp bedecken und bei geringer Hitze mehr ziehen als kochen lassen. Je nach der Größe der Teile dauert dies ca. 2 Std. Etwas abkühlen lassen und das Fleisch ablösen.

In einem anderen Topf Zwiebel, Knoblauch, Karotte und Bleichsellerie in Olivenöl weich dünsten, dann das Kaninchenfleisch zugeben, mit der Brühe aufgießen und Lorbeerblätter sowie Salbei und Rosmarin dazu geben. Weiter auf sehr kleiner Flamme schmoren lassen.

Mit Salz, Pfeffer und weiterem Olivenöl abschmecken. Wer mag, gibt einige schwarze Oliven dazu.

Tipp: Passt gut zu Eiernudeln (> S. 151) wie Tagliatelle.

Kulinarische Schatzsuche

PHYSALISMARMELADE, BIO-SAFRAN UND DIE BESTE SALAMI

Andrea Castrini ist einer, der seiner Arbeit mit Leidenschaft nachgeht. Er machte aus der Metzgerei seiner Eltern einen Delikatessenladen, die Qualität seiner Produkte ist herausragend. Seine Salami bekommt immer wieder Goldmedaillen, Genießer werden hier glücklich, denn neben Fleisch und Wurst bekommt man hier auch ausgewählte Käse, Wein, Eingelegtes, Gebäck und weitere Köstlichkeiten.

Dein Geschäft ist zwar auch eine Metzgerei, aber eher ein Delikatessenladen. Wo liegt der Schwerpunkt?

Andrea Castrini: Unbedingt und eindeutig auf den Produkten der Gegend! Es gibt hier im Süden des Gardasees so viele interessante, ausgezeichnete Köstlichkeiten und viele wirklich ganz kleine Produzenten. Viele vermarkten gar nicht selbst, so ist mein Laden hier eine Anlaufstelle. Gleich hier ganz in der Nähe baut eine Familie beispielsweise Physalis an und macht daraus Mostarda und Marmelade – ausgezeichnet zu kaltem Braten beispielsweise. Dann haben wir hier am Ort einen der ersten, der Safran anbaut und zwar in Bio-Qualität. Wir führen den Safran pur, in Fäden natürlich, nicht gemahlen. So behält er seinen typischen Geschmack. Wir machen sogar Cacciatorini, die kleinen Salami, damit.

Und Wein, Olivenöl, die »typischen« Gardaseeprodukte?

Wir sind ja Mitglied der »Strada dei Vini e dei Sapori del Garda«, der Wein- und Genuss-Straße der Brescianer Seite des Gardasees. Da lernt man

METZGERHANDWERK | Mehrere Wochen reift eine Salami und verliert dabei Gewicht, denn sie wird sorgsam luftgetrocknet.

natürlich Kollegen kennen und deren Produkte schätzen. Wein kommt vor allem aus dem Lugana-Gebiet, und seit Kurzem produziert mein Bruder eigenen Wein.

Woher bezieht ihr euer Fleisch?

Aus familieneigener Produktion, vor allem die stattlichen Chianina- oder Piemonteser Rinder. Die zieht mein Bruder Massimo groß. Sie haben Auslauf, bekommen bestes Futter. Im Sommer sind sie in den Brescianer Alpen und fressen die vielen Bergkräuter. Es sind glückliche Tiere, die viel Bewegung haben. Nur so entsteht gutes Fleisch und gute Wurst. Aber auch alle anderen Tiere beziehen wir aus Quellen, die uns bekannt sind und nach unserer Philosophie arbeiten.

Apropos »Philosophie« – du hast »10 Gebote des ethischen Konsums« auf Flyern verfasst und verteilt. Was ist das?

Ethischer Konsum bedeutet beim Fleisch zum Beispiel, Fleisch von Tieren zu kaufen, die gut gelebt haben. Da dieses Fleisch teurer ist, sollte man alle Teile des Tiers verwerten. Dann kann man viel Geld sparen, wenn man Pakete kauft und einfriert. So kann der Metzger besser arbeiten und günstiger kalkulieren. Und schließlich: keine Lebensmittel wegwerfen – es landet so viel im Müll, das sollte man unbedingt vermeiden! Zu guter Letzt: Regional einkaufen und Lebensmittel so oft wie möglich direkt beim Erzeuger erwerben. So bekommt man auch viele Informationen und Tipps.

In Castellaro Lagusello gibt es eine urige Trattoria, sie heißt »La Colomba«, Taube. Pasta mit Täubchensugo gehört natürlich auf die Karte.

TAGLIATELLE AL PICCIONE

BANDNUDELN MIT TÄUBCHENSOSSE

400g Tagliatelle
2–3 Täubchen
2EL Olivenöl
1 Zwiebel, fein gewürfelt
2 Knoblauchzehen
2 Stangen Bleichsellerie
1EL Tomatenmark
etwas Thymian, fein gehackt
3–4 Tomaten, gewürfelt
¼ l Weißwein
Salz, Pfeffer
Petersilie, fein gehackt
Grana oder Parmesan

Die Brüste der Täubchen löst man am besten aus und verwendet sie anderweitig, den Rest der Vögel zerteilt man in kleinere Stücke.

Täubchenstücke in heißem Öl mit Zwiebeln, Knoblauch und Sellerie anbraten, Thymian dazugeben, Tomatenmark einrühren, kurz durchkochen. Dann die Tomaten dazugeben, den Wein angießen, salzen und pfeffern. Bei kleiner Hitze ca. 1,5 Std. dünsten, bei Bedarf Wein oder Wasser nachgießen, damit sich eine sämige Soße ergibt.

Vor dem Anrichten die losgekochten Knochen entfernen, evtl. nochmals abschmecken, Petersilie zugeben.

Tagliatelle bissfest kochen, mit dem Sugo und frisch geriebenem Grana servieren.

Sieht aus wie ein Kunstwerk, schmeckt hervorragend und ist ganz einfach zubereitet.

ROTOLO DI CONIGLIO

KANINCHENRÜCKEN IM SCHINKEN-GEMÜSEMANTEL

2 Kaninchenrückenstränge, ausgelöst
4–6 Scheiben gekochter Schinken
etwas Butter
1–2 gelbe Zucchini
1–2 grüne Zucchini
einige Basilikumblätter
Salz, Pfeffer

Kaninchenrücken sauber parieren, in Butter rundherum anbraten, etwas salzen.

Die Zucchini in dünne Scheiben schneiden (mit der Mandoline oder einer Aufschnittmaschine).

Die Scheiben der grünen Zucchini etwas überlappend auslegen, sodass ein Rechteck entsteht, in das die Kaninchenrücken eingewickelt werden können. Darauf die Schinkenscheiben verteilen und dann die gelben Zucchini darüberlegen und etwas salzen. Fläche zumindest in der Mitte mit großen Basilikumblättern auslegen und schließlich das Kaninchenfleisch darauf legen und eng zusammenwickeln. In eine eingefettete ofenfeste Form geben und ca. 20 Min. bei 170 °C braten. Das Kaninchenfleisch sollte noch rosa sein. Quer in Scheiben schneiden und z. B. mit einem Salat aus Borlotti-Bohnen (> S. 203) oder mit Kartoffelpüree servieren.

Ein richtiges Festessen ist der gefüllte Hackbraten mit Schinken und Gemüse. Schwarzkohl ist ein feines Wintergemüse, das zwar dem Grünkohl ähnelt, aber wesentlich milder schmeckt. Man kann aber auch Spinat oder Mangold für die Füllung verwenden.

POLPETTONE RIPIENO CON CAVOLO NERO

HACKBRATEN MIT GEMÜSEFÜLLUNG

1 Zwiebel
2 Knoblauchzehen
1 kg Hackfleisch (vom Rind oder gemischt)
1 Handvoll Petersilie, gehackt
1–2 Eier
Tomatenmark
ca. 5 EL Semmelbrösel
100 g Grana, frisch gerieben
Salz, Pfeffer,
Paprika, Chili

Gemüsefüllung
Schwarzkohl, ersatzweise Wirsing
1 Kugel Mozzarella
ca. 100 g gekochter Schinken in Scheiben

Zunächst den Hackfleischteig zubereiten. Dafür Zwiebel und Knoblauch fein hacken. Dann Hackfleisch mit allen anderen Zutaten gut vermischen, mit den Gewürzen abschmecken. Es sollte ein geschmeidiger Teig entstehen. Am besten gibt man zunächst nur die Hälfte der Brösel zu und lässt die Fleischmasse etwas ziehen. Dann ggf. weitere Brösel oder Grana unterheben.

Schwarzkohl oder Wirsing in Salzwasser blanchieren; gut ausdrücken. Mozzarella abtropfen lassen und in Streifen schneiden. Dann den Hackfleischteig nochmals abschmecken.

Den Teig am besten auf einer Folie zu einem Rechteck etwa in der Länge der verwendeten Kastenform (in der der Braten dann ins Rohr geschoben wird) ausbreiten. In die Mitte die Schinkenscheiben legen, auf den Schinken das blanchierte Gemüse und wiederum ganz in die Mitte den Mozzarella geben.

Alles – am besten mithilfe der Folie – zusammenrollen, sodass die Füllung vom Hackfleisch umschlossen ist. Olivenöl in einer Pfanne erhitzen und den Hackbraten rundherum vorsichtig anbraten. Dann in die Kastenform betten und bei 200 °C ca. 45 Min. backen.

Tipp: Dazu passt am besten ein Kartoffelpüree.

Die Hähnchenkeulen kann man warm zum Beispiel mit Gemüse der Saison, aber auch kalt in dünne Scheiben aufgeschnitten als Vorspeise servieren.

COSCETTA DI POLLO RIPIENA AL LUGANA

GEFÜLLTE HÄHNCHENKEULE IN LUGANA-WEIN

4 Hähnchenkeulen
100 g gekochter Schinken
Petersilie
100 g Semmelbrösel
100 g Grana oder Parmesan
1 Ei
2 EL Butter, geschmolzen
Salz, Pfeffer
ca. 50 g Pancetta in dünnen Scheiben
½ l Weißwein

Zunächst die Hähnchenkeulen vorbereiten. Man sollte für dieses Rezept auf jeden Fall die Keulen von großen Gockeln nehmen, sonst werden die Fleischteile zu klein. Die Hähnchenkeulen längs an der Unterseite bis zum Knochen aufschneiden und entbeinen.

Für die Füllung Schinken und Petersilie fein hacken, mit Semmelbröseln und Grana vermischen. Ei und etwas zerlassene Butter einarbeiten. Mit Salz und Pfeffer abschmecken. Hier darauf achten: Soll das Gericht kalt serviert werden, etwas kräftiger abschmecken!

Die entbeinte Keule mit der Masse füllen und gut verschließen. Mit Pancetta einwickeln und am besten mit Küchengarn binden.

Nun in einer tiefen Pfanne mit Deckel sanft anbraten, mit Wein begießen. Deckel schließen und ca. 40 Min. garen. Man kann die Fleischstücke auch in einer Pfanne rundherum anbraten und dann im Ofen auf Gemüse, z. B. Kürbisspalten, garen (bei 180 °C etwa 45 Min.) und warm servieren.

Tipp: Soll das Fleisch kalt serviert werden, am besten über Nacht im Kühlschrank durchziehen lassen. Die Keulen lassen sich dann sehr gut in Scheiben schneiden. Auf etwas Rucola oder Gartensalaten angerichtet ist dies eine sehr elegante und gut vorzubereitende Vorspeise.

In Pozzolengo baut die Familie Grazioli Bio-Safran exzellenter Qualität an.

PANNA COTTA ALLO ZAFFERANO
SAFRAN PANNA COTTA MIT HAGEBUTTENSOSSE

½ l Sahne
50 g Zucker
1 EL Safranfäden
4 Blatt Gelatine

Hagebuttensoße
200 g Hagebuttenmark
ca. 5 EL Holunderblütensirup

Safranfäden mit 1–2 EL heißem Wasser verrühren, 15 Min. ziehen lassen. Gelatine in kaltem Wasser einweichen.

Sahne aufkochen, den Zucker zufügen und rühren, bis er sich aufgelöst hat. Die Gelatine ausdrücken und in die heiße Sahne einrühren. Etwas abkühlen lassen, dann Safran mit der Einweichflüssigkeit zufügen.

Abgekühlt in passende Förmchen füllen, die man vorher mit Klarsichtfolie ausgekleidet hat, und im Kühlschrank fest werden lassen.

Für die Hagebuttensoße Zutaten verrühren, die Menge Sirup hängt von der Süße des Marks ab.

Panna Cotta zum Servieren aus den Formen heben und mit der Soße umgießen.

Tipp: Safran möglichst nicht in gemahlenem Zustand kaufen.

Geheimtipps

WO SCHMECKT'S IM HINTERLAND?

Direkt am See ist es natürlich schön, aber gastronomisch manchmal enttäuschend (obwohl es auch dort empfehlenswerte Lokale gibt). Aber so richtig eintauchen ins italienische Lebensgefühl kann man im Hinterland. Da sind dann plötzlich nur noch wenige Tische mit Touristen besetzt, die Lokale haben ganzjährig geöffnet und es gibt »Sagre« und Events, die nicht speziell für Touristen gemacht sind. Hier die Empfehlungen von Einheimischen und Kennern auf die Frage: Was bietet das Hinterland?

Elena Bertagna, *Corte Bettini, Monzambano (> S. 98/99):*
In Monzambano haben sich einige Leute zusammengeschlossen, um langsamen, nachhaltigen Tourismus zu fördern. Ferien auf dem Bauernhof, Agriturismi, die selbst Angebautes nach traditionellen Rezepten verarbeiten oder auch mal ganz neue Wege gehen. In Monzambano gibt es einen Infopoint im Rathaus, der immer Freitag bis Montag geöffnet hat und viele Informationen bietet. Ich selbst baue ja Kräuter an und wir bieten in loser Folge Kräuterspaziergänge, manchmal auch mit deutscher Übersetzung, und Kräutermenüs.

Ariane Gozzi, *Cantina Gozzi, Olfino di Monzambano (im Bild links mit ihrer Cousine Sara; > S. 104/105):*
Bei uns gibt es seit ein paar Jahren im Sommer Konzerte in loser Folge, immer donnerstags, mit verschiedenen Bands, von Rock über Jazz bis zu Latin und anderen Musikstilen. Manchmal tritt dort auch Sara solo oder mit ihrer Band auf. Dazu gibt es Wein von unserem Weingut und ein bisschen etwas zu essen. Wir nennen die Donnerstage »Quel DiVin Giovedi«. Das ist ein Wortspiel denn »divino« heißt ja auch »göttlich«. Wir bauen dann unsere ganze Freifläche im Hof um, schaffen Sitzgelegenheiten und tanzen von Sonnenuntergang bis tief in die Nacht.

Ute Scobel, *Garda Inside, Desenzano (> S. 146/147):*
Für mich ist eines der tollsten Feste im Hinterland der »Palio della Pastasciutta« in Pozzolengo. Auf dem Sport-

platz wird ein riesiges Zelt aufgestellt und die verschiedenen Ortsteile, die »Contrade«, treten gegeneinander an. Jeder denkt sich eine besonders tolle Nudelsoße aus, die Besucher kaufen sich ein Ticket und können durchprobieren und votieren. Es ist immer eine super Stimmung, ganz sicher aber nichts für Leute, die einen ruhigen Abend verbringen wollen. Aber einfach Italianità pur.

Andrea Castrini, *Centro Carni Colli Storici, Pozzolengo (> S. 154/155):*
Zu den wirklich empfehlenswerten Hinterland-Adressen gehört auf jeden Fall die Trattoria »Il Fiore« im kleinen Ort Vaccarolo. Paola (Foto oben links im türkisen Shirt) kocht traditionelle Rezepte mit einer ganz eigenen Handschrift, so verwandelt sie die typischen Kürbis-Tortelli. Sie nimmt weniger Amaretti, dadurch werden sie nicht so süß und garniert mit knusprigen Schalotten und Rosmarin. Außerdem ist sie eine Grill-Meisterin. Direkt in der Küche hat sie einen Kamin und zaubert dort tolle Grillgerichte von Fleisch über perfekte Polenta und Gemüse. Etwas nobler, aber seit langen Jahren ein Klassiker ist »Da Oscar« im Örtchen Barcuzzi zwischen Lonato und Padenghe.

Paolo Ferri, *Cantina Case Vecchie, Monzambano (> S. 98/99):*
Ich würde den Leuten »Castellaro in Fiore« immer Anfang Mai im schönen Castellaro Lagusello empfehlen. Es gibt gutes Essen, Wein der Region, unsere Kräuter und viele, viele Blumen. Es ist kulinarisch und optisch ein Fest. Wer viel von der ganzen Gegend kennen lernen möchte, kommt am dritten Sonntag im Mai, wenn »Per Corti e Cascine« stattfindet. In der gesamten Provinz Mantua öffnen Weingüter, Käsereien, Produzenten von Marmeladen, Salami, Brot und vielem mehr ihre Pforten. Man kann probieren, kaufen und manche bieten auch Musik oder andere Veranstaltungen an.

Anita Seichter-Benedetti, *Caffè G. Martini, Desenzano und Padenghe (> S. 130/131):*
Man sollte die Märkte nicht vergessen, jeden Donnerstag ist Bauernmarkt in Desenzano und mittwochs in Padenghe. Auch der große Wochenmarkt in Desenzano, der übrigens ganzjährig stattfindet und bei dem die meisten Stände auch im Winter betrieben werden, hat eine sehr gute »Lebensmittelabteilung«. Mittendrin gibt es zum Beispiel den Stand von Alpe del Garda mit seinen herrlichen Käsen. Aber auch Gemüse, Bioprodukte, Honig und vieles mehr.

Im »Il Fiore« wird diese köstliche Polenta-Variante zu Salami und Schinken serviert.

POLENTA ABBRUSTOLITA, FORMAGGIO E FUNGHI

POLENTA MIT KÄSESOSSE UND PILZEN

½ Portion Polenta, fertig gekocht
etwas Butter
500 g Pilze
1 Schalotte
1 Knoblauchzehe
1 Schuss Sherry
Salz, Pfeffer
3–4 EL Petersilie, gehackt
½ Portion Käsesoße (> S. 21)

Die vorbereitete Polenta (> S. 140) in Scheiben schneiden und kurz vor dem Servieren knusprig grillen (alternativ im Backofen backen, dabei etwas Butter oder Öl in die Form geben).

Die Pilze putzen, ggf. halbieren, Schalotte und Knoblauch schälen, fein hacken. Zunächst die Schalotte in Butter goldgelb dünsten, dann die Temperatur erhöhen, die Pilze zufügen und gleich zu Beginn salzen. Rühren, bis die sich bildende Flüssigkeit verdampft ist, Knoblauch und etwas Sherry zufügen. Ca. 10 Min. weiterdünsten, mit Pfeffer abschmecken und mit Petersilie bestreuen.

Polenta mit der heißen Käsesoße und den Pilzen anrichten und sofort servieren.

Ein Tipp von Paola, der Köchin der Trattoria »Il Fiore«: Sie friert den Salbei im Sommer ein.

CAPONSEI AL BURRO E SALVIA

BROTNOCKEN MIT SALBEIBUTTER

300 g Semmelbrösel
Salz, Pfeffer
Muskatnuss
30 g Butter
¼ l Gemüse- oder Fleischbrühe
1–2 Eier
Petersilie, fein geschnitten
1 Knoblauchzehe, fein gewürfelt
30 g Grana, frisch gerieben
100 g Butter
ca. 20 Salbeiblätter
Grana zum Servieren

Die Semmelbrösel in eine Schüssel geben, mit Salz, Pfeffer und Muskatnuss würzen. Nun die Butter schmelzen und nach und nach zu den Bröseln geben. Mit einer Gabel so verrühren, dass sich die Butter überall verteilt. Dann ebenfalls in kleinen Portionen die heiße Brühe angießen und so lange einarbeiten, bis ein recht kompakter Teig entsteht. Wenn die Masse abgekühlt ist, Eier, Petersilie, Knoblauch sowie Grana zugeben und gut vermengen.

Aus dem Teig Rollen von ca. 1 cm Ø formen, diese wiederum in ca. 2 cm lange Nocken teilen. Nun in Salzwasser sieden, bis die Nocken an die Oberfläche aufsteigen.

Für die Salbeibutter Butter zerlassen und die Salbeiblätter knusprig braten. Dann mit den abgetropften Caponsei und frischem Grana servieren.

Brennnesseln sind ein aromatisches Wildgemüse, dem man im Garten ein Eckchen einräumen sollte.

RAVIOLI ALL'ORTICA

BRENNNESSEL-RAVIOLI

1 Portion grüner Nudelteig (> S. 150/151)

Füllung

500g junge Brennnesselblätter
100g Mascarpone
100g Ricotta
50g Grana, frisch gerieben
Salz, Pfeffer, Muskatnuss

Teig wie auf > S. 150/151 zubereiten.

Für die Füllung die Brennnesseln tropfnass in einen Topf geben und dünsten, bis sie zerfallen sind. Etwas abkühlen lassen, bei Bedarf Flüssigkeit gut ausdrücken und sehr fein hacken (sie brennen nach dem Kochen nicht mehr!). Dann mit Ricotta, Mascarpone und Grana vermischen und mit den Gewürzen abschmecken. Etwas ruhen lassen, ggf. noch mit weiterem Grana binden.

Dann wie auf > S. 76/77 beschrieben zu Taschen formen und mit zerlassener Butter und Grana servieren.

Tipp: Brennnesseln kann man ganzjährig ernten, wenn man immer wieder schneidet; es treiben dann neue, junge Blätter nach.

Die Tortelli gibt es in der »Antica Contrada« in Sirmione.

TORTELLI AL RADICCHIO ROSSO

TORTELLI MIT RADICCHIO, TALEGGIO UND SPECK

1 Portion Nudelteig für Tortelli (> S. 37)
ca. 300g Radicchio
1 Schalotte
1 Knoblauchzehe
etwas Butter
200g Taleggio
Salz, Pfeffer
Muskatnuss
150g Pancetta
einige Salbeiblätter
Grana oder Parmesan

Teig für Tortellini von > S. 37 vorbereiten.

Radicchio in feine Streifen schneiden; Schalotte und Knoblauch schälen, fein hacken. Butter in einer Pfanne zerlassen und alles unter ständigem Rühren sanft anbraten. Die Temperatur sollte nicht zu hoch sein. Abkühlen lassen. Vom Taleggio die Rinde entfernen, den Käse fein würfeln und mit der Radicchiomasse gut vermengen. Ggf. etwas Grana zum Binden zufügen. Mit Salz, Pfeffer und Muskatnuss abschmecken.

Dann die Tortellini wie auf > S. 76/77 beschrieben herstellen.

Pancetta in feine Streifen schneiden und bei niedriger Hitze ohne Zugabe von weiterem Fett kross braten, Salbeiblätter nach einiger Zeit zufügen. Die Tortelli in leise siedendem Wasser garen und mit Pancetta, Salbei und Grana servieren.

So schön sie aussieht: Die Rotwein-Teigkruste wird leider nicht mitgegessen, aber sie ist wichtig für Soße, Aroma und die Zartheit des Fleisches: Es bleibt wunderbar saftig!

CAPRIOLO IN CROSTA DI VINO ROSSO

REH IM ROTWEINTEIG

1 Rehkeule, ausgelöst, ergibt ca. 2–3 kg
1,2 kg Weizenmehl
2 EL Salz
1 Flasche Rotwein
6 Knoblauchzehen, gehackt
250 g Zwiebeln, gehackt
250 g Möhren, gehackt
150 g Knollensellerie, gehackt
150 ml Olivenöl
je 10 schwarze Pfefferkörner, Nelken, Wacholderbeeren, Piment, zerstoßen
5 Zweige Thymian
8 cl Vino Santo
50 g Butter

Zunächst den Teig herstellen: Mehl und Salz in einer Schüssel vermischen und den Rotwein nach und nach zugeben, zu einem glatten Teig kneten. Den Teig in Folie wickeln und 1 Std. ruhen lassen.

Für die Marinade alle Gemüse in Öl anbraten, ständig rühren, Kräuter und Gewürze zufügen, etwa ½ Std. bei geringer Hitze schmoren. Rehkeule in einem Bräter mit der Marinade bedecken und 4 Std. ruhen lassen, zwischendurch wenden, danach Fleisch herausnehmen und trockentupfen. Teig ausrollen, Rehkeule darin einschlagen, Ränder gut verschließen. Auf ein bemehltes Backblech legen, ein ca. 2 cm großes Loch aus dem Teig stechen, durch das der Dampf entweichen kann, und bei 180 °C im vorgeheizten Ofen 3–4 Std. backen. Der Braten ist fertig, wenn die Kerntemperatur bei 80 °C liegt.

Die Keule im ausgeschalteten Ofen ½ Std. ruhen lassen. Für die Soße die Marinade durch ein Sieb geben und in einem Topf mit dem Vino Santo aufkochen, den Bratensaft, der sich im Backblech gesammelt hat, dazugeben (ggf. Teig mit einem Messer anritzen), einkochen lassen und abschmecken. Die eiskalte Butter hinzufügen und die Soße aufschlagen. Mit Beilagen auf vorgewärmten Tellern anrichten.

Tipp: Zum Wild passen Bratäpfel, das Wirsinggemüse von > S. 213 oder Birnen in Rotwein. Dafür 200 g Zucker und 300 ml Rotwein mit einer Zimtstange, Sternanis und Nelken zu Sirup kochen. Feste Birnen schälen und ganz hineinsetzen. Etwa 20 Min. köcheln, dabei immer wieder mit dem Sud übergießen.

Zartes Lammfleisch wird von Paola von der Trattoria »Il Fiore« in Vaccarolo in eine knusprige Kräuterkruste verpackt.

COSTOLETTE D'AGNELLO IN CROSTA
LAMMKOTELETTS IN KRÄUTERKRUSTE

8 Lammkoteletts
etwas Mehl
2 Eier
Salz, Pfeffer
300g Semmelbrösel
3–4EL Thymianblättchen
Butter und Olivenöl zum Braten

Koteletts unbedingt einige Zeit vor dem Zubereiten aus dem Kühlschrank nehmen, das Fleisch sollte Zimmertemperatur haben.

Mehl in einen Teller sieben. In einem zweiten die Eier mit einer Gabel verschlagen und mit Salz und Pfeffer würzen. Im dritten Teller Semmelbrösel mit Kräutern vermischen.

Nun die Koteletts panieren. Dafür zunächst in Mehl wenden, gut abklopfen, dann im Ei und schließlich in den Kräuterbröseln wenden und in einem Gemisch aus reichlich Butter und Olivenöl braten. Bis zum Servieren im vorgeheizten Ofen warm stellen.

Mit Ofenkartoffeln und Gemüse der Saison servieren.

Mit Eis, Sahne oder mit der feinen Weinschaumcreme »Zabaione« serviert, werden frische Früchte zur Delikatesse.

SPIEDINO DI FRUTTI FRESCHI CON ZABAIONE
FRUCHTSPIESS MIT ZABAIONE

ca. 500g Früchte der Saison
1 Bio-Zitrone
4EL Holunderblütensirup

Weinschaumcreme
4 Eigelbe
4EL Zucker
100ml Sekt (Spumante)

Früchte putzen und in hübsche, mundgerechte Stücke schneiden. Auf Holzspieße stecken. Schale der Zitrone abreiben und für die Zabaione beiseitestellen. Saft auspressen und mit dem Sirup gut verrühren. Die Fruchtspieße in eine flache Schale legen und immer wieder mit der Flüssigkeit bestreichen.

Für die Creme Eigelbe und Zucker in einer hitzebeständigen Schüssel schaumig schlagen, mit etwas Zitronenabrieb würzen. Schüssel in ein heißes Wasserbad setzen, den Sekt zugeben. Mit Schneebesen oder Handrührgerät zu einer cremigen Masse schlagen und sofort servieren.

MUSEO

Zitronengärten, Palazzi und majestätische Berge

Wo die Zitronen blühen

HISTORISCHE ZITRONENGÄRTEN LIEBEVOLL RENOVIERT

LIMONAIE | Viel Aufwand wurde betrieben, damit die wärmebedürftigen Zitrusfrüchte im Norden wachsen: Eng an den Steilhang geschmiegt baute man Gewächshäuser, die im Winter verglast wurden.

Baccalà ist bei uns schwer zu bekommen. Man kann für dieses Rezept auch Hecht, Zander oder einen anderen Meeresfisch nehmen.

BACCALÀ CON OLIO E LIMONE

GINOS BACCALÀ MIT ZITRONEN-ÖL-EMULSION

ca. 400g Stockfisch, küchenfertig vorbereitet
etwas Fischfond
50ml Zitronensaft
100ml Olivenöl
etwas Salz

Etwas Fischfond in eine ofenfeste Form geben. Den Fisch einlegen und bei 140°C ca. 20 Min garen (ideal ist auch ein Dampfgarer).

Für die Soße die Zutaten mit dem Pürierstab aufmixen und kurz vor dem Servieren über den Fisch geben. Schmeckt gut mit gegrillter Polenta (> S. 145).

Tipp: Eine alte Methode Fisch zu konservieren ist das Trocknen an der Luft. Der nordische Kabeljau wurde an Holzgestellen getrocknet, daher mag der Name »Stockfisch« stammen. Die steinharten Fischfilets müssen für den Gebrauch in der Küche »wiederbelebt« werden. Dazu legt man sie einige Tage in Wasser, das mehrmals gewechselt wird. Erst dann ist der Fisch küchenfertig.

Schmeckt ausgezeichnet und sieht aus, als hätte man Stunden in der Küche verbracht, aber es ist ganz einfach.

ROTOLO DI CONIGLIO AL LIMONE

KANINCHENFILET MIT ZITRONENKRÄUTERN

4 Rückenfilets vom Kaninchen
1–2 Zucchini
Kräuter wie Zitronenverbene oder Petersilie
Abrieb einer Bio-Zitrone
je 1 Paprika gelb und rot
200g Feta

Die Kaninchenrückenfilets sauber parieren, die Zucchini in dünne Streifen hobeln, die Kräuter fein hacken. Die Filets mit den Kräutern und Salz und Pfeffer würzen, auf die Zucchinistreifen legen und einrollen, ggf. mit Zahnstochern fixieren.

Paprika im Ofen backen, dann entkernen und enthäuten (> S. 203). Mit dem in Scheiben geschnittenen Feta abwechselnd in Auflaufförmchen oder Anrichteringe schlichten.

Ofen auf 180°C vorheizen, die Paprikatörtchen auf ein Blech setzen und backen. Nach ca. 10 Min. die Kaninchenrollen dazu setzen und weitere 10 Min. backen. Das Kaninchenfleisch sollte noch rosa sein. Mit der Zitronen-Olivenöl-Emulsion von nebenan servieren.

Eine sommerlich leichte Variante eines Parfaits ohne Eigelb, dafür mit frischem Zitronensaft und Früchten. Es lässt sich hervorragend vorbereiten.

SEMIFREDDO AL LIMONE

ZITRONEN-PARFAIT MIT FRÜCHTEN

Himbeersoße
ca. 200g Himbeeren
etwas Puderzucker

Semifreddo
100ml Zitronensaft
200g Sahne
170g Zucker
3 Eiweiß
1 Blatt Gelatine
frische Früchte der Saison

Himbeeren kurz mit dem Puderzucker aufkochen, pürieren und anschließend durch ein Sieb streichen. In den Kühlschrank stellen.

Für das Semifreddo Zitronen auspressen, Saft abmessen und beiseitestellen. Die Sahne steif schlagen und in den Kühlschrank stellen. Den Zucker mit 2–3 EL Wasser in einem Topf erhitzen und so lange rühren, bis sich der Zucker auflöst. Dann abkühlen lassen. Eiweiß steif schlagen und Zuckerlösung unter Rühren dazugeben.

Gelatine in kaltem Wasser einweichen und gut ausdrücken, im erwärmten Zitronensaft auflösen. Saft danach zu der Eiweiß-Zucker-Mischung geben. Masse auf einer Schüssel mit Eiswasser kalt rühren.

Bevor die Gelatine bindet, die geschlagene Sahne vorsichtig unterheben. Die Masse in eine mit Klarsichtfolie ausgekleidete Form geben und mind. 2 Std. ins Gefrierfach stellen.

Zum Anrichten Himbeersoße als Spiegel auf den Teller geben, ein hübsches Muster auf dem Teller zeichnen. Das Obst dekorativ auf dem Teller verteilen und zum Schluss das Semifreddo aus der Form stürzen und in Scheiben darauf anrichten. Sofort servieren.

Kandierte Schalen von Zitrusfrüchten

Zitrusschalen (wattige Innenhaut entfernen) in Stücken in Blütenhonig einlegen (Menge 1:1), dann langsam köcheln, bis der Honig eingezogen ist. Das kann 4–5 Std. dauern. Die Zitrusschalen dann in Zucker wenden und in Schraubgläsern aufbewahren.

Für eine edle Variante kann man die Löffelbiskuits auch selbst backen, das Rezept findet sich auf > S. 110. Essen Kinder mit, lässt man den Likör weg.

TIRAMISÙ AL PROFUMO DI AGRUMI

ZITRONEN-ORANGEN-TIRAMISU

300g Löffelbiskuits
50ml Limoncello oder Grand Marnier (ersatzweise Orangensaft)
2–3 Bio-Orangen oder Bio-Zitronen

Sirup
3EL Zucker
2–3 Bio-Zitronen

Creme
4 Eigelbe
3EL brauner Zucker
100g Sahne
250g Mascarpone
2–3 Bio-Zitronen

3EL Zucker mit 6EL Wasser erhitzen, bis sich der Zucker aufgelöst hat. Die Schale der Zitronen mit einem Zestenreißer abziehen. Zesten in den Sirup geben, 10 Min. köcheln lassen und zur Seite stellen.

Für die Creme die Eigelbe mit dem braunen Zucker auf höchster Stufe mit dem Rührgerät schaumig schlagen. Der Zucker muss sich vollständig auflösen. Sahne steif schlagen, Mascarpone aufrühren und nach und nach unter die Eigelbmasse ziehen. Mit dem Abrieb von 2–3 Zitronen würzen. Dann die Sahne unterheben.

Die Zesten aus dem Sirup nehmen und zur Seite stellen. Etwa die Hälfte des Sirups mit Limoncello oder Grand Marnier (bzw. Orangensaft) verrühren. Die Löffelbiskuits nach und nach in diese Flüssigkeit tauchen und in eine passende Form legen. Auf die Lage Löffelbiskuits eine Schicht Mascarponecreme geben. Dann eine weitere Schicht Löffelbiskuits, wieder wie vorher in die Flüssigkeit getaucht. Mit Zitronencreme abschließen.

In den Kühlschrank stellen und mindestens 5 Std. durchkühlen lassen.

Die Orangen bzw. Zitronen in dünne Scheiben schneiden, im verbliebenen Zitrussirup ca. 10 Min. köcheln und im Sud abkühlen lassen.

Vor dem Servieren die Orangen- und Zitronenscheiben gut abtropfen lassen. Das Tiramisu aus dem Kühlschrank nehmen und mit den Orangen- und Zitronenscheiben sowie Zitronenzesten verzieren.

Ob Limoncino oder Limoncello – es sind zwei Bezeichnungen für den köstlichen Zitronenlikör.

LIMONCINO

ZITRONENLIKÖR

3 Bio-Zitronen
1 Flasche Korn
250 g Zucker
oder
300 g Zucker
600 ml Wasser
3 Bio-Zitronen
½ l Alkohol mit 95 %

Die gelbe Haut der Zitronen abschälen, mit Korn und Zucker in ein ausreichend großes, verschließbares Gefäß geben und mindestens 1 Monat ziehen lassen. Zwischendurch immer wieder schütteln, damit sich der Zucker auflöst. Es schmeckt auch gut, wenn man den Saft der Zitronen mit verwendet, aber dann wird die Flüssigkeit etwas trüb. Als Gewürze kann man eine Zimtstange oder eine Vanilleschote mitziehen lassen.

Die zweite Methode: Man kocht aus Zucker und Wasser einen Sirup und lässt ihn wieder erkalten. Dann gibt man Alkohol und Zitronenschalen hinzu und lässt den Ansatz ebenfalls mind. 1 Monat ruhen.

Aperitivozeit klingt doch einfach herrlich. Die Arbeit ist getan, der Abend kann beginnen. Man trinkt ein schönes Glas Frizzante oder Spumante und in guten Bars gibt es hausgebackene Köstlichkeiten wie dieses Käsegebäck.

BISCOTTI AL FORMAGGIO E ALTRI SAPORI

KÄSEGEBÄCK MIT SAATEN, OLIVEN & CO.

Käsemürbteig

360g Mehl
200g Grana, frisch gerieben
240g Butter
2 Eier

Mehl und Grana mischen, die eiskalte Butter in Flöckchen darauf verteilen, Eier verschlagen und darübergeben. Alles schnell zu einem Käsemürbteig verarbeiten.

Diamantini ai Semi

½ Portion Käsemürbteig
1 Ei
Saaten wie Sesam, Mohn oder Fenchelsamen

Den Käsemürbteig zu Rollen von ca. 3 cm Ø formen. Die Rollen rundherum mit dem verquirlten Ei bestreichen und in den jeweiligen Saaten wälzen. Dann in Folie wickeln und im Kühlschrank mind. 4 Std. kühlen lassen. Die gekühlten Rollen in ½ cm dünne Scheiben schneiden und bei 180 °C ca. 25 Min. golden backen.

Fettine agli Aromi

1 Portion Käsemürbteig
1 Handvoll getrocknete Tomaten
1 Handvoll Basilikumblätter
etwas Olivenöl

oder
Macadamia-Nüsse
Thymian
schwarze oder grüne Oliven, entsteint, fein gehackt

Tomaten und Basilikum fein hacken, dann mit dem Öl im Blitzhacker zu einer Paste verarbeiten. Den Käsemürbteig in 3 Teile teilen. Jeweils Tomatenpaste, Nüsse und Thymian oder Oliven unter den Teig kneten. In Rollen formen und wie oben weiterverarbeiten.

Jugendstiljuwel in der Bucht

DIE KÖSTLICHEN SEITEN DER KÖNIGIN

FEINSCHMECKER | In Salò gibt es viele gute Adressen für Genießer.

Salò sei, so kürzlich gelesen, die Königin der Riviera dei Limoni. Jedenfalls ist das Jugendstil-Kleinod mehr als nur einen Besuch wert. Vom Massentourismus ist das hübsche Städtchen verschont: Für Campingplätze ist kein Platz, denn die Berge steigen hinter dem Ort in die Höhe. Auch vom Lungolago, von der Uferpromenade, geht es steil nach oben, weshalb man sich im Zentrum zu Fuß fortbewegen und dabei gemütlich ein Eis schlecken darf. Das gibt's beispielsweise direkt beim Dom, handgemacht, aus regionalen Zutaten (die Erdbeeren vom Bauern, die Zitronen aus Limone) und daher köstlich. »Vassalli« ist ein Dorado für Bewunderer des Konditorhandwerks, liebevoll werden die Pralinen zum Mitnehmen verpackt. Aber auch für die weniger Süßen beherbergt Salò einige Genießer-Kleinode: Die »Osteria di Mezzo« findet in uralten Gewölben aus römischen Zeiten Unterschlupf, am kleinen Platz oberhalb des Rathauses öffnete vor noch nicht allzu langer Zeit die trendig-fröhliche Osteria »Tirabusù« ihre Pforten, auch das »Gabriellino«, vormals in Gardone, übersiedelte ins Zentrum von Salò.

Neben kulinarischen Genüssen bietet das MUSA, das noch recht neue Museum oberhalb der Altstadt, interessante ständige und anspruchsvolle wechselnde Ausstellungen. Zum architektonischen Juwel wurde das Städtchen in der Bucht durch eine Katastrophe – ein Erdbeben zerstörte zu Beginn des letzten Jahrhunderts viele Gebäude und so baute man in jener Zeit neu, als Jugendstil modern war.

Tonno di Coniglio – Thunfisch aus Kaninchen – wird dieses Gericht genannt. Wer kein Kaninchen bekommt, kann auch Huhn oder Schwein nach diesem Rezept zubereiten.

GANZ OHNE FISCH: TONNO DI CONIGLIO

MARINIERTES KANINCHEN IN OLIVENÖL

4 Kaninchenkeulen
2 Lorbeerblätter
2 Stangen Sellerie
1–2 Karotten
2–3 Scheiben Bio-Zitrone
1 Zwiebel
⅛ l Olivenöl
nach Belieben Oliven, getrocknete Tomaten oder Kapern

Zunächst die Kaninchenkeulen zusammen mit den Lorbeerblättern, den gröberen Teilen der Selleriestangen, einer Karotte, den Zitronenscheiben und der Zwiebel in einen Topf geben, mit Wasser bedecken, vorsichtig salzen, einmal aufwallen lassen, dann bei kleinster Hitze ca. 2 Std. ziehen lassen. Das Kaninchenfleisch sollte sehr weich sein.

Etwas abkühlen lassen und die Kaninchenteile aus dem Sud nehmen. Das Fleisch noch lauwarm in möglichst großen Stücken vom Knochen lösen, die Knochen wieder in den Topf zurückgeben und die Brühe eine weitere ½ Std. köcheln lassen. Kochfond abfiltern und aufheben.

Kaninchenfleisch in eine Glasschüssel mit Deckel geben. Aus ⅛ Liter Olivenöl und etwas Kochfond die Marinade herstellen, mit Salz und Pfeffer abschmecken und über das Kaninchenfleisch gießen. Den Rest der Selleriestangen sowie die Karotte sehr fein schneiden und dazugeben. Nun abdecken und über Nacht im Kühlschrank ruhen lassen.

Zum Servieren kann man das Kaninchenfleisch wieder leicht erwärmen. Wer mag, kann nun einige Oliven, Kapern oder in Öl eingelegte getrocknete Tomaten unterheben.

Mit reichlich Ciabatta als Vorspeise servieren.

Tipp: Mit Öl gut bedeckt hält sich das Kaninchenfleisch im Kühlschrank mehrere Tage. Man kann es auch einwecken!

Dieser Schneeball war die Krönung des feinen Mahls beim »Gabriellino« in Salò.

PALLA DI NEVE
SCHNEEBALL

200g Meringen (> S. 139)

Füllung
200g Mascarpone
100ml Sahne
50g Zucker
Saft und Schale von 1 Bio-Zitrone

Mascarpone, Sahne und Zucker mit dem Rührmixer zu einer dicken Creme schlagen, den Abrieb und den Saft der Zitrone hinzufügen, nochmals kurz durchrühren.

Die Meringen auf einem Teller nicht zu klein bröseln. Mit zwei Löffeln Nocken von der Füllung abstechen und diese direkt in die Brösel setzen. Dann vorsichtig in den Bröseln wenden, bis ein »Schneeball« entsteht. Die Menge reicht für ca. 8 Kugeln. Die Kugeln mit Kakaopulver bestäuben und sofort servieren.

Tipp: Zum Schneeball passt Obst der Saison und Himbeer- oder Brombeersauce (> S. 171).

Fischer und ihre Gäste

ALLTAGSGESCHICHTE IN LIMONE

Limone war ein Fischerdorf – stattliche 36 Berufsfischerlizenzen waren noch im Jahr 1932 vergeben. Ganz schön viel für ein kleines, bis dahin nur schwer erreichbares Dorf. Heute hingegen sind es nur noch einige wenige Fischer, die hinausfahren und Lavarello, Sarde di Lago und manchmal den edlen Carpione aus den Netzen holen. Den steilen Hängen hatte man ein paar Terrassen für Olivenbäume abgetrotzt und seit dem 18. Jahrhundert Zitrusbäume kultiviert, die in den gemauerten »Limonaie« wuchsen. Tausende von Früchten konnte man bis etwa Mitte des 19. Jahrhunderts für gutes Geld verkaufen. Tourismus gab es bis dahin nicht.

Bis 1931 erreichte man Limone nur mit dem Schiff oder auf engen Eselspfaden. Seit Mitte des 19. Jahrhunderts fuhren auf dem Gardasee die ersten Dampfschiffe. Egal ob für Postkutschen oder später Autos, eine Straße führte erst 1931 nach Limone: Die Gardesana mit ihren abenteuerlichen Kurven und vielen Tunnel wurde mit großem Aufwand durch die Felsen gehauen. Sie ist so kurvig, dass dort sogar eine wilde Verfolgungsjagd für einen James-Bond-Film gedreht wurde.

Bald nach dem Zweiten Weltkrieg fingen die Deutschen an, den Gardasee für ihre Ferien zu entdecken. Das sogenannte Wirtschaftswunder ermöglichte die Mobilität und die Orte am Gardasee profitierten davon. Die Fischerfamilien begannen Zimmer zu vermieten und die Fischerboote wurden zumindest tagsüber für Vergnügungstouren der Gäste genutzt. Kein Wunder also, dass die Fischerei vom Tourismus abgelöst wurde – es war einfach wirtschaftlicher. Im Prinzip gilt diese Geschichte für den ganzen Gardasee; erst in neuerer Zeit besinnt man sich darauf, den Gästen auch die Geschichte des Alltags näherzubringen. In Limone zum Beispiel hat man die Limonaie restauriert und für Besucher geöffnet. Die Geschichte des Fischfangs ist im ansprechenden kleinen Fischereimuseum beim Rathaus dokumentiert. Und dem Tourismus hat der kleine Ort Limone sogar ein Museum gewidmet, das im alten Rathaus mitten im Ort zu bestaunen ist.

MORGENSTUND | Meist noch nachts fahren die Fischerboote hinaus auf den See …

Die Renke heißt in der Bodenseegegend Felchen. Auch am Gardasee hat der Fisch zwei Namen: Lavarello nenen ihn die einen, Coregone die anderen.

VARIANTENREICH UND KÖSTLICH: TRIS DI LAVARELLO

DREIERLEI VON DER RENKE

Renkenfilets im Weinblatt

4 Renkenfilets
Salz, Pfeffer
einige Weinblätter
etwas Olivenöl

Die Renkenfilets mit Salz und Pfeffer würzen, in die Weinblätter einwickeln. Die Verwendung von Zitrone entfällt hier, denn die Weinblätter geben genug Säure ab. Päckchen in eine ofenfeste Form setzen, die mit etwas Olivenöl benetzt wurde, und bei 140 °C 15 Min. garen.

Gefüllte Eier mit Renke

2 geräucherte Renkenfilets
4 Eier
4–6 EL Olivenöl
2 TL Kapern
Salz, Pfeffer

Die geräucherten Filets zerpflücken, mögliche Gräten vollständig entfernen. Eier hart kochen, abschrecken, schälen und halbieren. Die Eigelbe in einer Schüssel mit Olivenöl verrühren, Kapern hacken und unterziehen. Mit Salz und Pfeffer abschmecken und in die Eierhälften füllen.

Renkenpflanzerl

6 Renkenfilets ohne Haut
1 Schalotte, fein gehackt
1 Semmel, in Milch eingeweicht
1 Ei
Rosmarin
Zitronensaft
Semmelbrösel
2 EL Sesam
Öl, Butter

Die Schalotte glasig anschwitzen. Die Fischfilets im Mixer pürieren, dann in eine große Schüssel geben. Schalotte, die ausgedrückte Semmel, das Ei und den fein gehackten Rosmarin dazugeben, alles kräftig durchkneten. Mit Salz, Pfeffer und Zitronensaft würzen und 10 Min. durchziehen lassen. 8 Bällchen aus der Masse formen und in Semmelbröseln und Sesam panieren. In einer Pfanne bei mittlerer Hitze in einer Öl-Butter-Mischung kross goldgelb braten.

Zarter Fisch und knusprige Schalottenringe ergänzen sich bestens.

LAVARELLO ALLO SCALOGNO CROCCANTE

RENKENFILETS MIT SCHALOTTEN

8 Schalotten, in Ringe geschnitten
100g feiner Weizengries
50g Butter
⅛l Olivenöl
8 Renkenfilets mit Haut
Saft von 1 Zitrone
Salz, Pfeffer

Man beginnt mit den Schalottenringen und wendet sie in Weizengries. In einer Pfanne die Butter zerlassen, Olivenöl zugeben (ein wenig von beidem für die Filets aufheben). Die Schalottenringe in der Öl-Butter-Mischung kross braten.

Renkenfilets waschen und 10 Min. in den Zitronensaft legen, anschließend herausnehmen, abtupfen und mit Salz und Pfeffer würzen. Dann in einer Pfanne mit etwas Öl und Butter von jeder Seite etwa 2 Min. braten.

Auf vorgewärmte Teller geben und mit den Schalottenringen bedecken.

Dieses Gericht findet man rund um den See. Hier kommt es auf die Qualität der Fische und des Olivenöls an.

BIGOLI CON SARDE DI LAGO

BIGOLI MIT GARDASEE-SARDINEN

400g Bigoli
100g Sarde di Lago (> S. 220)
(ersatzweise sehr gute Sardellen in Olivenöl)
1 Bund Petersilie
1 Knoblauchzehe
2–3 EL Kapern
⅛l Olivenöl

Die Bigoli oder auch Spaghetti bissfest kochen, wobei man das Kochwasser nur ganz wenig salzen sollte.

Für die Soße die Fische abwaschen und sehr gut trockentupfen, dann zerdrücken. Petersilie sehr fein hacken, ebenso wie die geschälte Knoblauchzehe und die Kapern. Alles mit dem Olivenöl vermischen und unter die Pasta heben.

Zu diesem Gericht wird natürlich kein Käse gereicht, aber man könnte Semmelbrösel in Butter kross braten und darüberstreuen.

Tipp: Die Soße hält sich, mit Olivenöl bedeckt, recht lange im Kühlschrank.

Die ganze Welt am Berg

DER BOTANISCHE GARTEN VON ANDRÉ HELLER

KUNSTGENUSS UND GARTENFREUDE | Wasserspiele und Skulpturen befreundeter Künstler schmücken den verwunschenen Park.

Einfach, aber effektvoll: Eine ideale Vorspeise, wenn man Gäste erwartet, denn man kann sie gut vorbereiten.

POMODORI RIPIENI
GEFÜLLTE TOMATEN

8 reife Tomaten mittlerer Größe
3 EL Semmelbrösel, frisch und weich
2–3 EL Balsamico
4 Sardellenfilets in Öl, zerdrückt
1 EL Kapern, gehackt
2 Eier
4 EL Petersilie, gehackt
⅛ l Olivenöl
Salz, Pfeffer

Von den Tomaten das obere Drittel abschneiden, aushöhlen, leicht salzen, mit der Öffnung nach unten auf eine Platte setzen und ½ Std. ruhen lassen. Die Eier wachsweich kochen, die Semmelbrösel mit etwas Balsamico benetzen und durchziehen lassen. Die Eier fein hacken und mit den Balsamico-Bröseln, den Sardellenfilets, den Kapern und der Petersilie in einer Schüssel gut vermengen, salzen und pfeffern. Olivenöl zugeben und nochmal sehr kräftig abschmecken, denn die Tomaten nehmen viel an Geschmack auf. Dann die Tomaten mit der Mischung füllen und als Vorspeise servieren.

Tipp: Wenn Sie die raren eingelegten Gardaseesardinen bekommen können, nehmen Sie diese. Andere Möglichkeiten: Basilikum statt Petersilie, Oliven statt Kapern.

Lachsforelle auf diese Art zubereitet ist von ungeahnter Zartheit. Das Olivenöl zum Würzen sollte deshalb von exzellenter Qualität sein.

TROTA SALMONATA IN ROSA
ROSA GEDÜNSTETE LACHSFORELLE

1–2 Zucchini oder anderes Gemüse
Butter zum Braten
2 Lachsforellenfilets
einige Zweige Estragon
etwas Olivenöl
Salzflocken

Egal, welche Gemüse man nimmt: Sie müssen bereits fertig gegart sein. Im Falle der Zucchini schneidet man sie in Scheiben oder Stifte, brät sie in etwas Olivenöl und würzt mit Salz und Pfeffer. Man kann auch Paprikastreifen oder Lauch nehmen.

Die Fischfilets in Portionsstücke schneiden. Den Ofen auf 110 °C Ober-/Unterhitze vorheizen. Das Gemüse in eine ofenfeste Form geben, die Fischstücke darauf legen und für 10–15 Min. in den Ofen schieben. Danach sofort servieren, Olivenöl und Salzflocken an den Tisch stellen. So kann jeder selbst würzen.

Tipp: Solo oder mit anderen Fischzubereitungen – wie auf dem Foto mit kalt geräucherter Lachsforelle und Garnelen – als elegante Vorspeise servieren.

Man kann die Grana-Plätzchen nur aus einer einzigen Zutat, nämlich frisch geriebenem Grana, herstellen.

CIALDE DI GRANA
GRANA-CRACKER

Grana, frisch gerieben
Saaten wie Mohn oder Sesam

Zunächst: Am einfachsten gelingen die Grana-Cracker in der Mikrowelle. Man streut den Grana dünn in gewünschter Form und Größe auf die Platte und gibt ihn 1 Min. bei starker Hitze in die Mikrowelle. Ansonsten nimmt man eine beschichtete Pfanne. Wichtig ist, dass die Cracker hell bleiben! Werden sie dunkel, wird der Grana bitter.

Wer mag, bestreut die Cracker vor dem Backen mit Saaten. Die Cracker sind frisch aus dem Ofen noch elastisch, daher kann man z. B. Holzspieße eindrücken, wie auf dem Foto.

Tipp: Man kann die Grana-Cracker auch zu Körbchen formen, indem man sie über eine Espressotasse legt und so erkalten lässt. Diese Körbchen kann man z. B. mit Gemüsesalat füllen.

Am Gardasee werden Marmeladen, Fruchtzubereitungen oder auch Honig in verschiedenen Sorten zum Käse gereicht. Sie sind manchmal süß, manchmal würzig oder auch schön scharf wie die Chili-Marmelade.

CONFETTURA DI PEPERONCINO, COMPOSTA DI MELE E PERE

FEINE KÄSE UND IHRE BEGLEITUNG

Chili-Marmelade

300 g Chilischoten
1 Bio-Zitrone
120 g Gelierzucker 2:1

Von den Chilischoten Stiel und Kerne entfernen, Fruchtfleisch fein hacken. Von der Zitrone die Schale abreiben, Saft auspressen. Alles zusammen mit dem Zucker mischen und 2 Std. stehen lassen, ab und zu umrühren. Dann aufkochen, 3 Min. sprudelnd kochen und noch heiß am besten in kleine Gläser füllen.

Birnenkompott mit Thymian

1 EL Butter
2 Birnen
1 TL Thymianblättchen
2 TL Rohrohrzucker
1–2 TL alter Balsamico

Butter in einer Pfanne zerlassen. Birnen schälen, entkernen und in kleine Würfel schneiden. In der Butter glasig dünsten, dabei den Thymian zugeben. Dann 5 Min. auf kleiner Flamme weiter köcheln lassen, den Balsamico und 1–2 TL Zucker einrühren. Nochmals durchköcheln und erkalten lassen.

Apfel-Koriander-Kompott

1 TL Korianderkörner
1 EL Butter
2 Äpfel
2 TL Rohrohrzucker
1–2 TL weißer Balsamico

Korianderkörner in einer Pfanne ohne Fett rösten, bis sie duften, dann grob zerstoßen. Die Butter zerlassen. Äpfel schälen, Kerngehäuse entfernen, in kleine Würfel schneiden und in der Butter glasig dünsten. Dann den Balsamico und 1–2 TL Zucker einrühren. Nochmals durchköcheln, Koriander zufügen, erkalten lassen. 1–2 Std. durchziehen lassen.

Statt der Formagella di Tremosine kann man auch andere junge Bergkäse auf diese Art einlegen.

FORMAGELLA SOTT'OLIO

BERGKÄSE MIT WALNÜSSEN

200g Formagella di Tremosine
50g Walnusskerne
1–2 Peperoncini, getrocknet
Olivenöl

Den Käse in Würfel schneiden. Walnüsse und zerkleinerte Peperoncini zusammen mit den Käsewürfeln in Gläser geben, mit Olivenöl aufgießen und mind. 2 Wochen an einem kühlen, dunklen Ort reifen lassen. Ist der Käse perfekt eingelegt, hält er sich auch ca. ½ Jahr.

In Öl einlegen

Grundsätzlich müssen die Gläser und vor allem die Deckel blitzsauber sein! Am besten kocht man sie vor der Verwendung aus und lässt sie auf einem sauberen Geschirrtuch abtropfen. Immens wichtig ist dann, dass die Einlage (Käse, Gemüse etc.) immer von Öl bedeckt ist; hierfür gibt es passende Einsätze aus Plastik. In Olivenöl Eingelegtes sollte immer dunkel und kühl gelagert werden. Das Öl kann bzw. sollte man freilich in der Küche verwenden und damit z. B. Marinaden oder Salatsoßen den letzten Pfiff geben.

Wer keine Waldpilze zur Verfügung hat, nimmt Kräuterseitlinge oder Egerlinge.

RISOTTO DI GRANO SARACENO CON FUNGHI

BUCHWEIZENRISOTTO MIT PILZEN

2 Zwiebeln, gehackt
2 Knoblauchzehen, gehackt
2 EL Thymianblättchen
2 EL Olivenöl
200g Buchweizen
Abrieb und Saft von 1 Bio-Zitrone
1 Glas Weißwein
ca. ½ l Gemüsebrühe
ca. 500g (Wald-)Pilze
70g Butter
100g Grana
Salz, Pfeffer
Petersilie

Zwiebelwürfel, Knoblauch und Thymian in Olivenöl andünsten, Buchweizen zufügen und unter Rühren glasig rösten. Zitronenabrieb, -saft sowie den Weißwein angießen, aufkochen lassen. Die Brühe nach und nach zugeben und kochen, bis der Buchweizen bissfest ist.

Pilze putzen, in Scheiben schneiden und in der Hälfte der Butter anbraten, mit Salz und Pfeffer würzen. Schließlich Risotto vom Feuer ziehen, Pilze, restliche Butter und Grana unterheben. Die Petersilie fein hacken, ebenfalls unterziehen. Mit Schittlauchröllchen und Granalocken garnieren.

Aus drei verschiedenen Käsespezialitäten der Berge des Gardasees entsteht diese feine Füllung. Am besten macht man gleich die doppelte Portion und friert die Teigtäschchen ein.

MEZZELUNE AL BURRO DI MALGA

ZIEGENKÄSETASCHERL MIT BLÜTENBUTTER

1 Portion Pastateig für Tortellini (> S. 37)
100 g Ziegen- oder Schafsricotta
100 g Ziegenfrischkäse
100 g gereifter Ziegenbergkäse
Pfeffer, Muskatnuss
1 Ei
100 g Heumilch-Butter
essbare Blüten wie Kornblumen, Ringelblumenblätter oder Rosenblätter, getrocknet
Schnittlauch, in Röllchen geschnitten

Für die Füllung vom Ziegenbergkäse etwa 60 g reiben, den Rest aufheben. Mit dem Ricotta und dem Frischkäse vermischen und mit Pfeffer und Muskatnuss würzen.

Den Teig dünn ausrollen, Kreise ausstechen, einen TL Füllung in die Mitte setzen, zusammenklappen und Ränder gut festdrücken (Tipps für Teig und Zubereitung > S. 76 / 77).

Butter zerlassen, leicht salzen, Blüten einstreuen. Die Teigtaschen in reichlich Salzwasser kochen, bis sie an die Oberfläche steigen (etwa 5 Min.), in der Blütenbutter schwenken. Mit Schnittlauch und Bergkäse servieren.

Tipp: Wer die Pastareste nach dem Ausstechen der Kreise nicht nochmals zusammenkneten und neu ausrollen möchte, schneidet sie in unregelmäßige Stücke und serviert sie mit einem Sugo nach Belieben (> S. 152 / 153) – Malfatti, »schlecht gemacht«, heißen sie dann, schmecken aber selbstverständlich genauso köstlich.

Die Blütenbutter lässt sich übrigens hervorragend einfrieren. So kann man etwas Sommer für den Winter konservieren. Dazu knetet man die Blüten und etwas Salz in die Butter ein, formt zu einer Rolle und wickelt sie in Klarsichtfolie. Selbstverständlich kann man auch Kräuter und Blüten mischen.

VINO SANTO | In der Karwoche werden die Nosiolatrauben gepresst, edler Süßwein entsteht daraus.

Der Wein der Berge

BEMERKENSWERT & BIO

Alessandro Poli keltert unter anderem den edlen »Vino Santo«, den heiligen Wein, im kleinen Ort Santa Massenza im Norden des Gardasees. Auf die Frage, wozu denn der edelsüße Wein am besten passt, meint er schmunzelnd: »Zu guter Gesellschaft«. Er trinke den Wein am liebsten solo, zusammen mit Freunden. »Heilig« ist der Wein deshalb, weil er traditionell in der Karwoche gepresst wird. Die lange Zeit von der Ernte bis zur Kelter verbringen die Trauben auf Trockengestellen. Ansonsten entstehen aus der im Trentino heimischen Nosiolatraube frische, nennenswerte Weißweine mit zartem Haselnussduft. Doch auch Roséweine aus Schiava oder Rote wie Lagrein werden hier angebaut. Innovativ sind die Versuche mit sogenannten PIWI-Reben. Das sind Neuzüchtungen, die von Haus aus pilzresistent sind und daher so gut wie gar nicht gespritzt werden müssen. Ihre noch nicht so geläufigen Namen wie »Bronner« oder »Solaris« sollte man sich merken. Hier im Valle dei Laghi gibt es viele Biowinzer, die eine wichtige Vorreiterrolle einnehmen.

WEIN IN DER KÜCHE

Grundsätzlich gilt die Regel, nur guten Wein zum Kochen zu verwenden. Aus schlechtem Wein entsteht schlicht eine schlechte Soße. Aber natürlich müssen es nicht unbedingt die edelsten Flaschen sein, insbesondere bei kräftigen Gerichten, die noch viele andere würzige Zutaten enthalten. Wer in seinem Weinkeller überalterte Flaschen mit maderisiertem Wein findet, kann diesen Wein ohne Probleme zum Kochen verwenden. Das Gleiche gilt für leicht korkigen Wein: Der unangenehme Geschmack verliert sich, wenn man den Wein aufkocht. Bevor Wein, den man nicht trinken will, zu Essig wird, kann man eine Weinreduktion herstellen und den Wein etwa auf die Hälfte einkochen und wie Marmelade in Gläser füllen. Diese Reduktion passt wunderbar zu kräftigen Soßen.

Ein richtiges Festessen zur Weinlese. Vom Traubenchutney macht man am besten eine größere Portion und füllt es wie Marmelade heiß in Gläser; so hält es sich lange Zeit.

BRASATO DI CAPRIOLO CON UVA

REHBRATEN MIT TRAUBENSOSSE UND TRAUBENCHUTNEY

1 kg Rehbraten aus der Schulter
Olivenöl zum Braten
1 Zwiebel
1 Karotte
etwas Knollensellerie
1 Glas Rotwein
½ l Wildfond
Thymian, Rosmarin und Salbei
1 TL Wacholderbeeren
5 Pimentkörner
1 Glas Grappa
300 g aromatische weiße Trauben
etwas Butter
1 TL Zucker

Traubenchutney
⅛ l Rotwein
⅛ l Süßwein (Vino Santo)
4 EL Balsamico
10 Wacholderbeeren, zerstoßen
etwas Ingwer
300 g rote Trauben
Zucker, Pfeffer

Für das Chutney Wein, Süßwein und Balsamico mit den Gewürzen aufwallen und etwas einkochen lassen. Die Trauben dazugeben und weiter kochen, bis sie halb zerfallen sind. Mit etwas Zucker und Pfeffer abschmecken, Wacholderbeeren herausnehmen und das Chutney pürieren.

Rehfleisch sauber parieren, in einer ofenfesten Kasserolle in Olivenöl rundherum anbraten. Die Gemüse putzen, würfeln und mitschmoren. Den Rotwein angießen und einkochen lassen. Den Wildfond angießen, die Gewürze zugeben und ohne Deckel in den vorgeheizten Backofen schieben. Bei 200 °C 15 Min. garen, dabei immer wieder mit der Flüssigkeit begießen. Dann den Deckel auflegen und die Hitze auf 160 °C reduzieren und ca. 1,5 Std. schmoren. Den Braten ab und zu wenden. Der Braten ist fertig, wenn die Kerntemperatur bei 80 °C liegt. Den Braten herausnehmen und warm stellen. Die Soße durch ein Sieb in einen Topf geben, etwas einkochen lassen und mit Salz, Pfeffer und ggf. einem Gläschen Grappa abschmecken.

Die weißen Trauben halbieren und entkernen. Die Butter in einem Topf zerlassen, den Zucker zufügen und karamellisieren lassen. Die Trauben darin schwenken.

Den Braten in Scheiben schneiden, mit der Soße übergießen und die Trauben anlegen. Mit dem Chutney, Kartoffelpüree und Gemüse der Saison servieren.

Im Herbst und frühen Winter ist Rehfleisch am besten, die Tiere hatten den Sommer lang frisches Futter. Wintergemüse und Orangenduft runden das Gericht ab.

COSCETTA DI CAPRIOLO IN SALSA DI TIMO E ARANCE CON SCORZONERA

REHKOTELETT MIT THYMIAN-ORANGENSOSSE UND SCHWARZWURZELN

Orangensoße
4 Bio-Orangen
2–3 EL Olivenöl
Salz, Pfeffer
1 TL Zucker
3 Zweige Thymian

Schwarzwurzeln
500 g Schwarzwurzeln
Saft von 1 Zitrone
50 g Butter

8 Rehkoteletts
Olivenöl zum Braten
1 Glas Rotwein
400 ml Wildfond

Zunächst die Orangensoße zubereiten. Dafür die Orangen filetieren, mit etwas Salz, Pfeffer, einer Prise Zucker und Olivenöl würzen und in eine ofenfeste Form geben. Die Thymianzweige darauf legen. Bei 60 °C Ober-/Unterhitze ca. 1,5 Std. garen. Nochmals mit etwas Olivenöl abschmecken.

Schwarzwurzeln schälen, in Stücke schneiden und sofort in Zitronenwasser legen. Etwas Salz zufügen und kochen, bis die Schwarzwurzeln gar sind, abgießen. Kurz vor dem Servieren in etwas Butter dünsten.

Die Rehkoteletts rechtzeitig aus dem Kühlschrank nehmen. Sie müssen Zimmertemperatur haben. In Olivenöl sanft braten (sie sollten innen noch rosa sein). Auf einen Teller geben und im Ofen bei 50 °C warm stellen.

In die Bratpfanne den Wein geben, den Bratfond loskochen und dabei den Wein verdampfen lassen. Den Wildfond angießen und sämig einkochen lassen, mit Salz und Pfeffer abschmecken.

Die Steaks auf vorgewärmten Tellern zunächst mit der Bratensoße übergießen, die Orangensoße in Klecksen darauf und daneben verteilen und mit den Schwarzwurzeln anrichten.

Tipp: Die Orangensoße passt auch hervorragend zu Chicorée, Radicchio oder Rosenkohl und zu Geflügel wie z. B. gebratener Ente.

Wildschwein wird in Italien viel häufiger in der Küche verwendet als in Deutschland.

CINGHIALE IN UMIDO
WILDSCHWEINRAGOUT

1 kg Wildschweinschulter
1–2 Karotten
1–2 Zwiebeln
50 g Knollensellerie
1 TL weiße Pfefferkörner
6 Wacholderbeeren, zerdrückt
1 Knoblauchzehe
2 Zweige Rosmarin
1 l Rotwein
4 EL Olivenöl
¼ l Gemüsebrühe
5 Pimentkörner, zerdrückt
Salz, Pfeffer

Das Fleisch würfeln, dann eine Beize zubereiten: Die Gemüse und die Gewürze klein hacken, den Wein hinzufügen. Die Wildschweinwürfel mit der Beize in einen großen Topf geben und 24 Std. an einem kühlen Ort ruhen lassen.

Die Fleischstücke herausnehmen und trocken tupfen. Im Öl anbraten, das Gemüse hinzufügen. ¼ der Beize und die Brühe angießen und bei mittlerer Hitze ca. 45 Min. garen. Dann Fleischstücke herausnehmen, Rest durch ein Sieb drücken, Soße auffangen und Fleisch wieder dazugeben. Den Fond mit Piment und Gewürzen abschmecken.

Tipp: Dazu passen Knödel und Wurzelgemüse.

Wenn Weinlese ist, gibt es Traubenmost. Man kann ihn gut einfrieren!

SUGOLO
PUDDING AUS TRAUBENMOST

1 l Traubenmost **oder** *2 kg Trauben*
5 EL Mehl
Zucker

Wenn man bereits fertigen Most hat, nimmt man ein wenig (einige EL) davon ab und gibt ihn kalt in eine Schüssel. Dann rührt man mit dem Schneebesen das Mehl ein – es dürfen sich dabei keine Klumpen bilden!

Dann einen Topf mit dem Most auf den Herd stellen und zum Kochen bringen, den Most mit dem Mehl unter ständigem Rühren zufügen und so lange kochen, bis eine dichte Creme entsteht. Mit Zucker abschmecken; ist der Most süß, kann man auch ganz auf den Zucker verzichten.

In eine Schüssel oder Puddingförmchen gießen und erkalten lassen.

Hat man keinen Most zur Verfügung: Die Trauben abzupfen, in einem Topf mit etwas Wasser unter Rühren zum Kochen bringen, pürieren und durch ein Sieb geben. Es sollte dann ca. 1 l Flüssigkeit entstehen.

Kulinarische Freundschaft

ALLGÄU TRIFFT GARDASEE

BEGEISTERT | Kulinarische Mitbringsel vom Gardasee werden in der Küche zu einem besonderen Menü verarbeitet.

Wenn Gastronomen reisen, dann interessieren sie sich natürlich für die Küche der anderen Region und bringen Ideen, Rezepte, Produkte mit und vermählen sie mit ihrer eigenen Küche. Genau so ist es geschehen, als vor einigen Jahren ein Austausch zwischen der »Strada dei Vini e dei Sapori del Garda« und der Allgäu-Schwäbischen »Landzunge« stattfand: Ein ganzer Bus voll Gastronomen reiste vom Allgäu an den Gardasee. Sie besuchten Weingüter und Ölmühlen, lernten professionell Olivenöl zu verkosten, schauten beim Metzger in Pozzolengo vorbei (> S. 154/155) und ließen sich erklären, wie man Salami macht, reifen lässt und was Qualität ausmacht. Sie bewunderten die Fleischstücke der Chianina- und der Piemonteser-Rinder und lernten, wie Temperatur und Luftfeuchtigkeit bei der natürlichen Reifung von Salami gekonnt eingesetzt werden.

Und wenn Gastronomen reisen, bringen sie – indirekt – ihren Gästen etwas mit: Im »Mohren« zu Leutkirch gab es einen opulenten Gardasee-Abend. Waren die Wirtsleute in Österreich, werden so manche Menüs (und natürlich auch so manche Tropfen auf der Weinkarte) von dort inspiriert; besuchte man den Gardasee, gibt es köstliche Spezialitäten aus dem Süden. Manche, wie die Familie Ellgass in Eglofs, werden zu »Wiederholungstätern« und reisen immer wieder an den »Lago«. So haben Coppa, Salami und so manche Tropfen einen festen Platz auf der Karte gefunden. Das ist wunderschöne kulinarische Freundschaft!

Die köstliche Gemüseterrine schmeckt auch solo, zum Beispiel mit einer leichten Tomatensoße. Der Koch servierte sie zur zart gedämpften Lachsforelle (ähnlich Rezept > S. 186, die Soße von > S. 66 passt dazu).

FEINER MENÜAUFTAKT: TERRINA DI VERDURE

TERRINE VON SOMMERGEMÜSE UND PESTO

1–2 grüne Zucchini
1–2 gelbe Zucchini
Olivenöl zum Braten
1–2 rote Paprikaschoten
1–2 gelbe Paprikaschoten

Pesto
1 Bund Basilikum
1 Bund Petersilie
1–2 Knoblauchzehen, geschält
100 g Grana, frisch gerieben
100 g Pinienkerne oder Mandeln
ca. ¼ l Olivenöl

Für die Terrine die Zucchini längs in dünne Scheiben hobeln (geht am besten mit einer Aufschnittmaschine), in einer Pfanne in Olivenöl braten und dabei vorsichtig salzen.

Die Paprikaschoten in eine ofenfeste Form geben und bei 220 °C Ober- / Unterhitze garen, bis die Haut dunkel geworden ist und Blasen wirft. Dann herausnehmen, in eine Metallschüssel legen und abdecken. Durch die Feuchtigkeit löst sich die Haut fast von selbst ab. Sobald man sie anfassen kann, die Schoten entnehmen, entkernen und die Haut abziehen.

Für das Pesto die Pinienkerne in einer Pfanne ohne Fett etwas anrösten, bis sie duften. Nimmt man Mandeln, diese mit kochendem Wasser übergießen, enthäuten und ebenfalls anrösten. Kräuterblättchen abzupfen. Dann alle Zutaten für das Pesto in einen Blitzhacker geben und so viel Olivenöl zugeben, dass eine sämige Paste entsteht.

Nun eine passende Form mit Frischhaltefolie auskleiden. Einen Teil der Zucchinischeiben quer dachziegelartig einlegen. Die Streifen sollten so weit über den Rand stehen, dass sie die Terrine einhüllen können. Nun die restlichen Zucchinstreifen und Paprikastücke abwechselnd in die Terrine schichten. Dabei immer wieder eine dünne Schicht Pesto aufstreichen. Schließlich die überstehenden Zucchinistreifen darüber einschlagen.

Nun die Terrine beschweren und am besten über Nacht im Kühlschrank durchziehen lassen. Vor dem Servieren wieder Zimmertemperatur annehmen lassen.

Wer kein Heu hat, verwendet aromatische Wildkräuter wie Spitzwegerich oder Löwenzahn.

CREMA DI FIENO CON FINFERLI

HEUSUPPE MIT PFIFFERLINGEN

1 l Kalbsfond
½ l Sahne
1 Handvoll frisches Bergheu
1 kleines Glas Sekt
Grana oder Parmesan, frisch gerieben
Salz, Pfeffer
250 g Pfifferlinge
Butter

Kalbsfond und Sahne aufkochen, das Heu hineingeben und 4 Min. ziehen lassen. Dann durch ein Sieb in einen anderen Topf gießen. Den Sekt angießen und mit Salz, Pfeffer und frisch geriebenem Grana abschmecken.

Die Pfifferlinge reinigen, ggf. halbieren und in der Butter ca. 15 Min. braten; mit Salz und Pfeffer würzen.

Pfifferlinge in einen Suppenteller geben. Die Suppe nochmal mit dem Pürierstab aufschlagen, über die Pilze gießen und sofort servieren.

Ein köstlicher Kuchen ganz ohne Mehl. Es lohnt sich, gute Schokolade dafür zu verwenden.

TORTINO DI CIOCCOLATO

SCHOKOLADENKUCHEN

125 g weiche Butter
6 Eier, getrennt
70 g Zucker
300 g Zartbitterschokolade, gerieben
150 g Mandeln, gemahlen
150 g Walnüsse, gemahlen

Die Butter mit dem Zucker schaumig schlagen, die Eigelbe nach und nach einzeln unterrühren. Schokolade und Nüsse zugeben und kurz auf mittlerer Stufe untermischen. Die Eiweiße zu Schnee schlagen und vorsichtig unterziehen. In eine gefettete Springform geben und ca. 40 Min. bei 170 °C Ober- / Unterhitze backen.

Tipp: Man kann den Kuchen auch in Portionsförmchen backen, die Backdauer verkürzt sich etwas. Stäbchenprobe machen!

Dazu schmecken Vanilleeis und marinierte Aprikosen. Man säubert und zerkleinert die Früchte und lässt sie kurz in heißem Vanille- oder Holunderblütensirup ziehen und anschließend erkalten.

TERRAZZA
BIANCA
TERRAZZA
ROSSA
Olio
crauti
biologici

Carne Salada ist eine alte Trentiner Spezialität. Das Fleisch wird eingesalzen und dadurch länger haltbar gemacht.

Traditionell serviert man Carne Salada mit Borlotti-Bohnen. Die Bohnen und Gemüse schmecken aber auch zu Grillfleisch.

CARNE SALADA

GEPÖKELTES RINDFLEISCH

1 kg mageres Rindfleisch (z. B. aus der Oberschale)
40 g grobkörniges Salz
einige Lorbeerblätter
einige Rosmarinzweige
2–3 EL Wacholderbeeren

Gewürze zerkleinern, mit dem Salz mischen und das Fleisch damit einreiben. In eine möglichst enge Form mit Deckel geben. Im Kühlschrank nun ca. 10 Tage reifen lassen. Von Zeit zu Zeit umdrehen.

Dann für das Carpaccio dünn aufschneiden, oder für das Tatar mit dem Messer fein hacken und mit etwas Olivenöl verrühren. Mit fein geschnittenen Zwiebeln und Grana-Locken servieren. Am Tisch eine Pfeffermühle bereitstellen.

Tipp: Carne Salada kann man auch in dünne Schnitzel schneiden und in einer Pfanne kurz braten. Dazu werden die Bohnen von nebenan dann warm serviert.

FAGIOLI BORLOTTI CON VERDURE

BORLOTTI-BOHNEN UND GEMÜSESALATE

etwas Olivenöl, für alle Salate

Borlotti-Bohnen
300 g Borlotti-Bohnen (frisch, nur die Kerne gewogen)
etwas frischer Rosmarin
2–3 Lorbeerblatter
1 kleine Zwiebel
1 Knoblauchzehe

Zucchinisalat
1–2 Zucchini
einige Basilikumblätter, gehackt

Paprika
2 Paprikaschoten, gelb und rot
1 EL Korianderkörner

Bohnen langsam in Wasser garen, die Gewürze zufügen. Erst zum Schluss salzen. Abgießen und mit Olivenöl und Pfeffer abschmecken.

Zucchini raspeln, Basilikum dazugeben und mit Salz, Pfeffer und etwas Olivenöl abschmecken. Im Kühlschrank durchziehen lassen.

Paprikaschoten im Ofen backen, bis sich die Haut ablöst und dunkel wird. Herausnehmen und so bald als möglich enthäuten, in Abschnitte teilen. Korianderkörner in einer Pfanne trocken anrösten, anschließend zerstoßen. Mit etwas Olivenöl zu den Paprikastücken geben.

Für dieses Rezept braucht man erstklassige Safranfäden und alten Balsamico – so wird das einfache Gericht zur Delikatesse.

Der Name »Priesterwürger« kommt angeblich daher, dass die Geistlichen davon zu viel aßen, weil sie ihnen so gut schmeckten.

RISOTTO ALLO ZAFFERANO E ACETO BALSAMICO

SAFRAN-BALSAMICO-RISOTTO

1 Zwiebel
etwas Butter
etwas Olivenöl
250 g Risottoreis
¼ l Weißwein
½ l Gemüse- oder Hühnerbrühe
1 EL Safranfäden
150 g Grana, frisch gerieben
alter Balsamico
Salz, weißer Pfeffer

Die Zwiebel würfeln und in einer Mischung aus Butter und Olivenöl glasig dünsten. Den Reis dazugeben und bei mittlerer Hitze anrösten, bis er duftet. Mit Weißwein ablöschen, den Wein vollständig verkochen lassen. Dann nach und nach mit der heißen Brühe aufgießen und immer wieder umrühren.

Die Safranfäden in etwas heißem Wasser einweichen, 15 Min. ziehen lassen und zum Risotto geben, wenn er gar ist. Nur noch kurz ziehen lassen, nicht mehr kochen! Die Hälfte des Grana unterziehen, mit Salz und weißem Pfeffer abschmecken, in Teller füllen und mit dem Balsamico beträufeln. Den Rest Grana sowie den Balsamico an den Tisch stellen, so kann jeder nach Belieben nachwürzen.

STRANGOLAPRETI

TRENTINER SPINATNOCKEN

250 g Knödelbrot
ca. 150 ml Milch
400 g Spinat, geputzt gewogen
2 Eier
5–6 EL Mehl
Salz, Pfeffer, Muskatnuss
50 g Butter
einige Salbeiblätter
Grana oder Bergkäse

Milch leicht erwärmen und über das Knödelbrot gießen – lieber vorsichtig sein und zunächst nicht alles aufbrauchen. 2–3 Std. durchziehen lassen, dabei ab und zu kneten. Spinat waschen, in einem Sieb kurz abtropfen lassen und dann in einem Topf bei mittlerer Hitze zerfallen lassen. Abkühlen, ggf. ausdrücken und fein hacken. Dann Knödelbrot, Spinat, Eier und Mehl gut miteinander verkneten, mit den Gewürzen abschmecken.

Am besten formt man nun Rollen von ca. 3–4 cm Ø, trennt 2–3 cm lange Stücke ab und formt sie zu Nocken. Man gart die Nocken in Salzwasser oder dämpft sie über Salzwasser und serviert sie mit Salbeibutter und Grana oder Bergkäse.

Man kann Gemüsestrudel mit vielen verschiedenen Gemüsesorten machen. Wichtig ist nur, dass die Gemüse so vorgegart werden, dass sie in der Backzeit des Strudels auch gar werden.

STRUDEL DI VERDURE CON FONDUTA DI TRENTINGRANA

GEMÜSESTRUDEL MIT KÄSESOSSE

Teig
180g Mehl
100g Butter, eiskalt
3 EL Grana, frisch gerieben
ca. 60 ml Wasser

Füllung
350g Auberginen
100g Karotten
150g Zucchini
200g Paprikaschoten
1 Zwiebel
Öl
Gemüsebrühe
Salz, Pfeffer
50g Bergkäse, gerieben
1 Ei
3–4 EL Sesamsaat

Käsesoße
180g Sahne
200g Trentingrana, frisch gerieben

Mehl, Butter in Stückchen und den Grana in eine Küchenmaschine geben und schnell mixen. Es entsteht ein brösliger Teig. Diesen entnehmen und mit den Händen unter Zugabe von ebenfalls kaltem Wasser zu einem Teig kneten, zu einem kompakten Fladen formen und in Folie gewickelt im Kühlschrank ruhen lassen.

Für die Füllung die Gemüse in feine Streifen schneiden (ca. 5 mm dick), die Zwiebel hacken. Zunächst die Zwiebel in einer Pfanne mit dem Öl anschwitzen, ohne dass sie Farbe annimmt, dann die Karotten-, danach die Paprikastücke hinzugeben, gefolgt von der Aubergine und zuletzt den Zucchini. Bei Bedarf mit etwas Gemüsebrühe ablöschen, damit die Gemüse nicht trocken werden. Mit Salz und Pfeffer abschmecken. Die fertig gegarte Füllung beiseitestellen und abkühlen lassen.

Den Teig zu einem Rechteck von ca. 40 × 50 cm ausrollen und auf Backpapier setzen, mit der Füllung belegen, sodass ein Rand von etwa 5 cm bleibt. Den Bergkäse darüber verteilen. Den Teig aufrollen und an den Enden zusammendrücken, damit keine Flüssigkeit beim Backen austreten kann. Mit dem verquirlten Ei bestreichen, mit Sesam bestreuen und 40 Min. im vorgeheizten Ofen bei 180 °C backen. Vor dem Servieren etwas abkühlen lassen.

Für die Soße Sahne und Trentingrana in einem Topf vermischen und bei mittlerer Hitze mit dem Scheebesen rühren, bis es bindet.

Geschenke der Berge

DELIKATESSEN IM TRENTINO

Vom Nordufer des Gardasees mit Torbole und Riva erstreckt sich das Valle dei Laghi (Tal der Seen) bis in die Berge hinein, ebenso wie das fruchtbare Val di Gresta. Durch die milde Luft vom See her kann bis in hohe Lagen Gemüse oder auch Wein angebaut werden. In den letzten Jahren ist die Gegend hier zum Bio-Vorreiter geworden.

Consorzio Ortofrutticolo, *Val di Gresta, Ronzo-Chienis:*
Seit 1969 gibt es den Zusammenschluss von vielen Kleinbauern um den Ort Ronzo-Chienis herum. Fast alle Mitglieder sind inzwischen biozertifiziert und bauen eine herrliche Vielfalt von Gemüsesorten an: Salate, Kraut, Bohnen, Karotten, Zwiebeln oder Lauch. Aber auch wärmeliebende Pflanzen wie Tomaten gedeihen dank der Wärme des Sees. Frisches und eingelegtes Gemüse wird im Laden in Ronzo-Chienis verkauft und an die Gastronomie geliefert.

Andrea Guglielmi, *Ristorante La Berlera, Ceole di Riva:*
Ich habe ja vorher in der ganzen Welt und zum Schluss in Kopenhagen in einem Sternerestaurant gekocht. Hier habe ich mir den Traum eines eigenen Restaurants erfüllt. Aber ich zelebriere keine Sterneküche, sondern Trentiner Klassiker. Die Produkte hier, wie zum Beispiel das Gemüse aus dem Val di Gresta, sind hervorragend. Auch das Olivenöl hier im Norden des Gardasees ist von ausgezeichneter Qualität.

Agrariariva del Garda, *Riva:*
Ausgezeichnet ist das richtige Wort. Auch wenn unsere Mitglieder mehr Arbeit haben als Olivenbauern weiter südlich – das Öl heimst viele Preise ein. Junge Bäume müssen hier bei uns, so lange sie jung sind, vor der Kälte geschützt werden. Jedes einzelne Bäumchen bekommt einen Strohmantel, der auch immer wieder kontrolliert und erneuert werden muss. Aber die Oliven sind dann

von enormer Qualität. Wir arbeiten mit den modernsten Maschinen, um erstklassiges Öl zu gewinnen.

Elio Pisoni, *Distilleria Pisoni, Sarche:*
Die Entscheidung unserer Familie, auf biologische Produktion umzustellen, war schnell getroffen. Unser Hof liegt inmitten unserer Felder. Früher mussten wir unseren Kindern zu bestimmten Zeiten verbieten, in den Weinfeldern zu spielen. Wir beschlossen, dass das nicht sein darf. Wir wollten auch – zusammen mit anderen – eine gewisse Vorreiterrolle spielen und zeigen, dass Bio funktioniert.

Alessandro Poli, *Distilleria Francesco, Santa Massenza:*
Ja, das war bei uns ähnlich. Am Anfang dachten so manche Kollegen noch, dass wir nichts mehr ernten oder der Wein nicht mehr gut ist. Als sie das Gegenteil mit eigenen Augen beobachten konnten, überlegten viele, auch umzustellen. Darüber sind wir sehr, sehr froh. Wir experimentieren seit einiger Zeit auch mit sogenannten PIWI-Rebsorten, die von Natur aus resistent gegen Pilzbefall sind. Insbesondere Solaris gedeiht bei uns hervorragend. Wir können die Rebe auch recht weit hinauf pflanzen und damit Felder in höheren Lagen nutzen.

Bruno Santoni, *Agritur Calvola, Tenno-Calvola:*
Wir bauen Gemüse biologisch an, versorgen unseren Gasthof damit und legen auch ein. Es gibt zum Beispiel Himbeersirup, Gemüsesoßen und auch Sauerkraut. Unsere Gäste schätzen das sehr.

Ivo Bonomi, *Acetaia del Balsamico Trentino, Tenno:*
Wir sind vor einigen Jahren auf die Idee gekommen, Balsamico aus Gewürztraminer herzustellen. Das hat natürlich einige Jahre gedauert, denn der edle Essig reift jahrelang in Fässern aus verschiedenen Hölzern. Inzwischen haben wir einen klassischen Balsamico, einen »Cru«, der sieben Jahre in Kastanien-, Kirschen- oder Akazienholzfässern reift, und einen »Gran Cru«, der vier Jahre in Fässern aus Eichenholz gelagert wird.

Gino Pedrotti, *Biowinzer, Pietramurata.*
Wir freuen uns mit unseren Gästen über unsere Bioweine. Wir liegen ja in der Nähe des schönen Radwegs im Valle dei Laghi und haben eine Bar, wo wir tagsüber Weine, Snacks und kleine Speisen anbieten. Da kann man zu einem Gläschen Nosiola Trentiner Spezialitäten genießen.

KÖSTLICHE VIELFALT | Gemüse und Obst, Essig und Öl, Wein und Grappa, Käse und Salami aus dem Trentino

Die Blaubeeren harmonieren hervorragend mit der Creme mit weißer Schokolade, doch auch Brombeeren oder schwarze Johannisbeeren könnte man für diese ausgezeichnete Sonntags-Tarte verwenden.

TORTA AI MIRTILLI CON CREMA DI CIOCCOLATO BIANCO

BLAUBEER-TARTE MIT WEISSER SCHOKOLADE

Mandelmürbteig
200g Mehl
30g gemahlene Mandeln
1 Prise Salz
1 Ei
120g kalte Butter, in Stückchen
70g Zucker

Füllung
230g weiße Schokolade
370g Crème fraîche
3 Eigelb

Belag
450g Blaubeeren, frisch oder tiefgekühlt
1 EL Speisestärke
80g Zucker
1 TL Zitronensaft

Aus den angegebenen Zutaten einen Mandelmürbteig herstellen und in Frischhaltefolie verpackt mind. 1 Std. in den Kühlschrank legen. Danach ausrollen (am besten zwischen zwei Schichten Folie oder Backpapier) und eine Springform damit auslegen, dabei 2–3 cm Rand berücksichtigen. Backofen auf 175 °C vorheizen (Umluft). Nun ein passendes Stück Backpapier auf den Teig legen, mit getrockneten Hülsenfrüchten belegen und die Tarte ca. 16 Min. blindbacken. Aus dem Ofen nehmen und das Backpapier mit den Hülsenfrüchten entfernen. Backofentemperatur auf 140 °C reduzieren.

In der Zwischenzeit für die Füllung die weiße Schokolade zerbröckeln und mit der Crème fraîche in einer Schüssel im Wasserbad erwärmen, bis die Schokolade geschmolzen ist. Gut vermischen. Die Schüssel aus dem Wasserbad nehmen und die Eigelbe nach und nach unter ständigem Rühren dazugeben. Die Füllung auf dem Tarteboden verteilen und den Kuchen ca. 20 Min. bei 140 °C backen. Die Tarte herausnehmen und abkühlen lassen; sie wird erst beim Abkühlen vollständig fest.

Für den Belag die frischen Blaubeeren waschen bzw. die TK-Blaubeeren auftauen und in einem Sieb gut abtropfen lassen. Speisestärke und Zucker in einem Topf vermischen und mit 130 ml Wasser und dem Zitronensaft glatt rühren. Unter Rühren bei kleiner Hitze aufkochen, vom Herd nehmen und die Blaubeeren untermischen. Den Belag auf der Tarte verteilen und im Kühlschrank fest werden lassen.

Dieser Likör schmeckt auch hervorragend mit schwarzen Johannisbeeren.

Trento DOC ist der edle Flaschengärsekt nach Champagner-Art im Trentino.

MIRTILLO

HEIDELBEER-LIKÖR

500g Beeren (> Tipp)
1l Alkohol, 97%
einige Johannisbeer-Blätter
1 Zimtstange
Schale von 1 Bio-Zitrone
ca. 300g Kandiszucker
2l Korn

Alle Zutaten bis auf Zucker und Korn in ein passendes Gefäß füllen und etwa 1 Woche an die Fensterbank stellen, ab und zu schütteln. Dann am besten 2–3 Monate oder länger im Dunkeln lagern. Schließlich abfiltern, den Zucker zugeben und mit dem Korn auffüllen.

Tipp: Die Blätter der schwarzen Johannisbeeren sind sehr aromatisch. Bei Heidelbeeren sollte man am besten welche aus dem Wald verwenden, sie sind in der Regel wesentlich aromatischer als die auf Größe gezüchteten Blaubeeren – verwenden kann man diese freilich auch. Der Likör ist sehr stark, man kann ihn mit etwas Wasser verdünnen und auch nach Geschmack mehr Zucker verwenden.

TRENTO DOC IN FORCHETTA

SEKTGELEE MIT FRÜCHTEN

400ml Weißwein
50g Zucker
1 Vanillestange
3 Blatt Gelatine
500g Beerenfrüchte
200ml Spumante

Zunächst den Weißwein mit dem Zucker und der Vanillestange aufkochen, etwas einkochen lassen, sodass am Ende 300ml Flüssigkeit übrig bleiben.

Die Gelatine in kaltem Wasser einweichen und sehr gut ausdrücken. Dann im noch warmen Wein auflösen und beiseitestellen.

Die Früchte waschen, putzen und ggf. mischen. Man kann jede Beerenfrucht nehmen: Johannisbeeren, Blaubeeren oder Erdbeeren – letztere ggf. in mundgerechte Stücke schneiden.

Sobald das Weingelee zu binden beginnt, den Spumante einrühren und sofort abwechselnd mit den Früchten in Gläser schichten.

Tipp: Da der Spumante nicht mitgekocht wird, sondern seinen ganzen Geschmack entfaltet, darf man hier ruhig zu einem guten Tropfen greifen – natürlich auch zu einem guten Prosecco.

Canederli, Kräuter und Wild

KRÄFTIGE KOST FÜR BERGSTEIGER

DA SCHAU MAL! | Wer wandert, kann Ausblicke genießen, die man nur auf Schusters Rappen erreichen kann.

Auf Marco Pachera, den Wirt des »Rifugio Monte Baldo«, zu dem es von Avio aus hinaufgeht, stieß ich über das Internetportal »Tripadvisor«. Dort nörgelte ein Gast über beinahe alles, was er dort oben erlebte. Bei der Lektüre der Antwort des Wirts musste ich schmunzeln. Marco schrieb »Gentile Signor Avvocato«, also: »Sehr geehrter Herr Rechtsanwalt, ich erinnere mich genau an Sie, daran, an welchem Tisch sie saßen, was Sie konsumiert haben und in welchem Zimmer Sie übernachteten. Sie schreiben, die Gäste seien zu laut gewesen und hätten getrunken. In der Tat saß eine größere Gruppe in der Gaststube und sie tranken Wein. Das ist bei uns so üblich. Keiner von ihnen jedoch war betrunken, sie waren einfach nur fröhlich. Sie beschweren sich weiterhin, dass die Portionen zu groß gewesen seien. Aber wir sind eine Berghütte, die meisten unserer Gäste wandern den ganzen Tag und haben dann ordentlich Hunger. Ihr Zimmer war Ihnen zu klein – es hatte genau 17 Quadratmeter, so sind die Zimmer bei uns alle. Wir sind kein elegantes Grandhotel, sondern eine zünftige Bergwirtschaft. Aus der Küche kommen unsere traditionellen Gerichte wie Speck- und Käseknödel, Eier-Tagliatelle mit Sugo, Wild, Pilze und Apfelstrudel, alles hausgemacht. Wir sind kein elegantes Restaurant in der Stadt und möchten es auch nicht werden. Wir haben viele Stammgäste, die immer wieder kommen.«

Tja, ganz einfach: Dort muss man hin, wird gerne auch Stammgast und empfiehlt das freundliche Rifugio weiter!

Mit wenigen und einfachen Zutaten zaubert man die traditionelle Suppe.

MINESTRA D'ORZO ALLA TRENTINA

TRENTINER GRAUPENSUPPE

100 g Bauchspeck, gewürfelt
1 Zwiebel
1 Karotte
1 Lauchstange
1 Kartoffel
180 g Graupen
einige Tymianzweige
einige Petersilienstängel
1,5 l Gemüse- oder Fleischbrühe

Alle Gemüse vorbereiten und fein würfeln. Den Speck in einem großen Topf auslassen, die Gemüse zufügen und anschwitzen. Dann die Graupen hinzugeben und glasig dünsten. Blättchen der Petersilie abzupfen und beiseitelegen. Die Brühe auffüllen, Thymian und Petersilienstängel zufügen und kochen lassen, bis die Graupen gar sind (man achtet dabei am besten auf die Angaben der Packung, die Garzeiten können je nach Vorbereitung der Graupen recht unterschiedlich sein).

Petersilie fein hacken und über die fertige Suppe streuen, die man nochmal mit Salz und Pfeffer abgeschmeckt hat.

Tipp: Sollte man Schinken am Knochen gekauft haben, kann man ihn in der Suppe mitziehen lassen. Man kann die Suppe auch mit Fleisch, z. B. Braten (Resteverwertung!), anreichern.

Törtchen und Käsesoße kann man gut vorbereiten – eine feine Vorspeise im Herbst und Winter.

TORTINO DI VERZE

WIRSING-TÖRTCHEN

12 schöne Wirsingblätter
1 rote Zwiebel
100 g Ricotta
bestes Olivenöl
Salz, Pfeffer
etwas Butter

alter Balsamico
1 Portion Käsesoße (> S. 21)

Die Wirsingblätter in Salzwasser blanchieren, in eiskaltem Wasser abschrecken, gut abtropfen lassen und die dicke Mittelrippe flach schneiden.

Für die Füllung Zwiebel fein würfeln, in Butter sanft dünsten. Dann mit Ricotta vermischen und mit Salz, Pfeffer und etwas Olivenöl abschmecken.

Kleine Förmchen ausbuttern, mit den Wirsingblättern – etwa zwei oder drei je Form – auskleiden, Rand überstehen lassen. Füllung hineingeben und die Blätter darüber verschließen. Ca. 20 Min. bei 180 °C backen.

Die Törtchen auf angewärmten Tellern anrichten, mit der Fonduta umgießen und mit Balsamico wie auf dem Bild dekorieren.

Ein schönes Beispiel für ein vegetarisches Hauptgericht: Maroni und Buchweizen enthalten wertvolles Eiweiß, Kürbis harmoniert mit Wirsing und Granatapfelkerne den Süden auf den Teller.

CANEDERLI DI GRANO SARACENO CON ZUCCA, VERZE E CASTAGNE

BUCHWEIZENKNÖDEL MIT GEMÜSE UND MARONI

2 Semmeln vom Vortag
80 g Buchweizenmehl
100 g Roggenknäckebrot
200 ml warme Milch
1 Zwiebel, gewürfelt
100 g Lauch, geputzt
40 g Butter
1 Bund Petersilie, gehackt
½ TL Majoran, getrocknet
2 Eier
180 g Bergkäse, fein gewürfelt

Wirsinggemüse
1 kleiner Kopf Wirsing
1 Schalotte, gewürfelt
etwas Butter, etwas Sahne
Salz, Pfeffer, Muskatnuss

24 Maroni, gekocht (> S. 12)
400 g Kürbisfleisch, geputzt gewogen (z. B. Butternut)
einige Zweige Rosmarin
¼ l Apfelsaft
einige EL Granatapfelkerne

Das Knäckebrot mit dem Nudelholz zerkleinern, die Semmeln in feine Scheiben schneiden und den Buchweizen in einer schweren Pfanne anrösten. Alles vermengen und mit der lauwarmen Milch übergießen. ½ Std. stehen lassen.

Den Lauch in feine Ringe schneiden und mit den Zwiebelwürfeln in Butter glasig dünsten. In die Knödelmasse nun das Zwiebel-Lauch-Gemisch, die Petersilie, den Majoran sowie die Eier geben und alles gut mit den Händen verkneten. Die Käsewürfel beifügen, mit Salz und Pfeffer abschmecken.

Mit nassen Händen kleine Knödel formen (ergibt etwa 16 Stück), diese in 3 Liter kochendes Salzwasser geben, Hitze reduzieren und ca. 10 Min. ziehen lassen.

Kürbis in Spalten schneiden, auf ein gebuttertes Blech geben, reichlich Rosmarinzweige darauf verteilen und mit Apfelsaft angießen. Dann bei 180 °C so lange backen, bis die Kürbisspalten weich, aber noch knackig sind (die Dauer hängt von der Kürbisart ab). Maroni in einer Pfanne mit Butter schwenken, warm halten.

Den Wirsing putzen, in Streifen schneiden. Butter in einer Pfanne zerlassen, die Schalotte andünsten, den Wirsing dazugeben und bei geschlossenem Deckel dünsten, bis der Wirsing knapp gar ist, dann einen guten Schuss Sahne zufügen und mit Salz, Pfeffer und reichlich Muskatnuss würzen.

Wellen, Wind und Wetter

DIE STÜRMISCHEN SEITEN AM SEE

WINTERRUHE | Wer den Gardasee einmal von einer ganz anderen Seite erleben möchte, besucht ihn in der kühleren Jahreszeit und entdeckt ihn neu …

ROHSTOFF | Frisch und duftend muss der Trester für Grappa sein.

Hochprozentiges Handwerk

DESTILLATE DES TRENTINO

Grappa und Wein gehören natürlich zusammen, denn Grappa ist das Destillat aus Trester, den Rückständen der Weinpressung. Je frischer dieser Trester ist, desto feiner ist das Destillat. Es sei ganz einfach besten Grappa herzustellen, betont ein Trentiner Brenner. Man brauche nur frischen Trester und hundert Jahre Erfahrung. Tresterschnaps wird in vielen Weingegenden gebrannt, doch im Trentino hat das Destillieren eine ganz besondere Tradition. Viele der bäuerlichen Betriebe und Weingüter dürfen Schnaps brennen, mehr als anderswo. Das »Grappadorf« Santa Massenza wird auch »Dorf der fünf Poli« genannt – fünf Betriebe des kleinen Orts haben Brennrecht und alle fünf heißen Poli. Weil alle fünf beste Qualität herstellen, ist es auch nicht schlimm, wenn man sie verwechselt. Wer eine immense Vielfalt an Grappe, Fruchtdestillaten und Likören sucht, besucht den hübschen Laden von Pisoni in Sarche, dort gibt es Weine und Destillate in Bio-Qualität.

GRAPPA MIT AROMA

Edle Grappe, besonders solche, die lange reifen durften, genießt man natürlich pur. Aber der Tresterbrand ist auch ein Verdauungsschnaps und diese Wirkung wird traditionell durch die Zugabe von allerlei Kräutern unterstützt. »Grappa alla Ruta« wird oft angeboten, Grappa mit Weinraute. Doch auch verschiedene Berg- oder Gartenkräuter aromatisieren den Brand. Wer beispielsweise Zitronenmelisse im Garten hat, fügt das Kraut, dem beruhigende Wirkung zugeschrieben wird, dem Schnaps zu und lässt die Flaschen mehrere Wochen reifen. Interessant schmeckt Oliven-Grappa. Man gibt eine Handvoll reifer Oliven in eine Flasche und gießt mit Grappa auf. Da es nur wenige Hersteller gibt, die dies fertig anbieten, wäre das ein Grund, einmal zur Olivenreife im Spätherbst an den Gardasee zu fahren.

Grappa gewinnt man aus Weintrester, im Trentino wachsen aber auch Früchte wie Birnen oder Kirschen, die in Edelbrände oder Liköre verwandelt werden.

FILETTO DI MAIALE IN SALSA DI GRAPPA E PERE AL MIELE

SCHWEINEFILET IN GRAPPASOSSE MIT BIRNEN

800g Schweinefilet (etwa 2 Filets)
4 Schalotten, fein geschnitten
60g Butter
1EL Senf, mittelscharf
4cl Grappa
2–3EL Gemüsebrühe
Salz, Pfeffer

2 Birnen
Butter
4EL Honig
1 Msp. Peperoncini, getrocknet

Die Schalotten in der Butter golden anschwitzen, dann die Filets im Ganzen dazugeben und rundherum gut anbraten. Dann herausnehmen, beiseitestellen und warm halten. In den Bratfond den Senf unterrühren, kurz ziehen lassen. Das Fleisch zurück in die Pfanne legen, mit Grappa und ein wenig Brühe ablöschen und bei mittlerer Hitze ca. 5 Min. garen. Mit Salz und Pfeffer abschmecken.

Die Birnen waschen, nicht schälen und längs in dünne Scheiben schneiden. In einer weiten Pfanne Butter zerlassen, den Honig dazugeben und die Birnenscheiben einige Minuten darin wenden. Schließlich mit etwas Peperoncino würzen.

Mit Gemüse der Saison servieren.

Etwas aus der Mode geraten: Flambieren

Grappa eignet sich hervorragend zum Flambieren in der Küche. Für diese beinahe in Vergessenheit geratene Kochmethode eignen sich alle Destillate mit mindestens 40 Volumenprozent und deutlichem Eigengeschmack, der durch das Flambieren besonders unterstützt wird. Der Alkohol wird zunächst gut erwärmt (damit er sich schneller entzünden lässt), dann über das Gericht gegeben und entflammt. Zusätzlich zum Geschmack des Brandes entwickeln sich Röst- oder Karamellaromen.

Prall gefüllt

DISPENSA – VORRAT STATT ABSCHIED

Der Vorratskeller hier im Bild gehört der Familie Tezza in Verona. Bestückt wird er von Michele Tezza und seinem Vater – beide sind begeisterte Angler. Die Regale sind prall gefüllt mit Gläsern und Flaschen, Zwiebeln und Knoblauch hängen in Zöpfen davor – ein Dorado für Feinschmecker und neugierige Köche. Giuliana Tezza vom Weingut Le Tende (> S. 46 /47) hat mich hierher gebracht und ich durfte einiges probieren …

Giuliana, ich habe noch nie eine so wunderbar gefüllte Vorratskammer gesehen. Ist das eine Familientradition?

Giuliana Tezza: Ja, ganz sicher. Meine Eltern mochten die Natur und mein Bruder und ich haben schon als Kinder den Herbst in den Wäldern verbracht. Wir haben Früchte und Beeren gesammelt, um Marmelade zu machen. Unsere Eltern haben uns auch beigebracht, welche Wildkräuter man sammeln und essen kann: Löwenzahn, Feldsalat, wilden Spargel, Hopfen und viele andere. Aber wir haben auch einen Garten, wo viel Gemüse gedeiht, das man auf dem Foto als Eingelegtes bewundern kann.

Und das alles findet sich hier in den Regalen wieder?

Ja, hier gibt's selbst abgefüllten Wein, Liköre, eingelegtes Gemüse und Kapern, Pilze aus dem Wald und natürlich konservierte Fische. Mein Vater und mein Bruder angeln und legen die Fische dann selbst ein. Denn insbesondere im Juni gibt es große Schwärme der Gardasee-Sardinen, aber auch Forellen und Renken. Das Einlegen ist eine

VORRATSKAMMER | Das italienische Wort dafür ist »Dispensa«. Man füllt sie mit selbst Gemachtem.

alte Tradition aus Zeiten, als es noch keine Kühlschränke oder Gefriertruhen gab; man musste sich also etwas einfallen lassen. Weiter im Norden räuchert man Fische ja gerne, um sie haltbarer zu machen. Bei uns trocknete man die Fische oder legte sie in Salz ein. Wir sind ja vom Meer nicht weit entfernt und dort legt man ja auch Sardellen in Salz ein. Oben in den Bergen, zum Beispiel am Lago d'Idro werden die Sardinen auch getrocknet.

Aber wenn man die Fische doch heute frisch essen kann?
(Lacht) Die Menschen haben auch Schinken oder Salami erfunden, um Fleisch haltbar zu machen. Und es wäre doch schade, auf Schinken zu verzichten, nur weil man das Fleisch heute einfrieren kann.

Und du selbst? Sammelst du auch Kräuter und legst sie ein?
Aber ja! Hier in Colà rund ums Weingut gibt es jede Menge Wildkräuter, Früchte, Feigenbäume. Vor allem seit wir auf biologische Landwirtschaft umgestellt haben, macht das sehr viel Spaß, denn viele Wildkräuter sind zurückgekehrt.

Worauf muss man achten, wenn man selbst Wein abfüllt?
Findet man ein Weingut, das offenen Wein in Ballons verkauft, muss man den Wein möglichst bald abfüllen und zwar die ganze Menge auf einmal, sonst oxidiert der Wein. Dafür gibt es spezielle Schläuche. Dann muss man unbedingt auf absolut saubere Flaschen achten. Am besten nimmt man welche, auf die Kronkorken passen.

Fische in Salz und Öl zu konservieren ist eine alte Tradition aus Zeiten ohne Kühlmöglichkeit. So entsteht eine Köstlichkeit, die man sich nicht entgehen lassen sollte.

FILETTI DI PESCE SOTTO SALE E SOTT'OLIO

FISCHE IN SALZ UND ÖL

500g Fischfilets von Sardinen, Renken oder Forellen
1–2kg grobes Meersalz
1–2l Olivenöl oder Sonnenblumenöl

Zunächst die Fischfilets enthäuten, von allen Gräten befreien und reinigen. Wenn man sie wäscht, müssen sie unbedingt wieder trocknen. Dafür legt Michele Tezza sie auf einem Tuch aus. Dann werden die Fischfilets abwechselnd mit grobem Meersalz in weite Gläser gelegt. Man beginnt und endet dabei mit Salz. So ruhen sie an einem kühlen Ort, aber nicht im Kühlschrank, etwa 30–40 Tage. Ab und zu sollte man kontrollieren, ob sie gut mit Salz bedeckt sind. Wenn nicht, dann die Fischfilets unter die Salzschicht drücken oder Salz nachfüllen.

Schließlich entnimmt man sie, befreit sie vom Salz und wäscht sie in reichlich Wasser. Daraufhin müssen sie wiederum getrocknet werden, etwa 2–3 Tage an der Luft. Dann schichtet man sie in ein Gefäß und gießt mit Öl auf. Hierfür eignet sich erstklassiges Olivenöl oder auch neutrales Öl wie Sonnenblumen- oder Rapsöl. So müssen die Fische wiederum ca. 30 Tage an einem kühlen und dunklen Ort ruhen.

Wichtig ist nun, dass man die Fische nur mit absolut sauberem Besteck entnimmt.

Tipp: Die Fische schmecken pur auf Butterbrot oder man verwendet sie für Fischsalate (dann kaum mehr salzen und durchziehen lassen). Oder man macht daraus die köstliche Nudelsoße von > S. 183.

Wer Tomaten gerne ganzjährig verwendet, legt sie ein.

Basilikum eignet sich nicht zum Trocknen, in Öl oder Wein kann man den Sommerduft einfangen.

POMODORINI AL VINO

KIRSCHTOMATEN IN WEIN

1 kg Kirschtomaten
½ l Weißwein
1 Handvoll Basilikumblätter
etwas Salz
etwas Zucker

4–5 Twist-Off-Gläser mit Deckel bereithalten, die man am besten vorher ausgekocht, auf jeden Fall aber blitzsauber gereinigt hat – wichtig sind vor allem sterile Deckel!

Kirschtomaten und Basilikumblätter abwechselnd in Gläser füllen. Wein eingießen, sodass die Gläser halbvoll sind. In jedes Glas etwas Salz und etwas Zucker geben (nicht zu viel, man kann den Zucker bei sehr aromatischen Tomaten auch weglassen). Dann mit Wasser auffüllen und verschließen.

Die Gläser nun sterilisieren. Dafür setzt man sie in einen breiten Topf und füllt mit Wasser auf, dass die Deckel gerade noch herausschauen. Man bringt die Flüssigkeit zum Kochen und siedet die Gläser dann 20–30 Min. Die Gläser werden kühl und dunkel gelagert.

Tipp: Die Kirschtomaten bereichern Salate und Soßen. Pur, mit etwas Feta oder Mozzarella und Olivenöl passen sie gut aufs Buffet.

CONSERVARE IL BASILICO

BASILIKUM KONSERVIEREN

1 oder mehrere große Basilikumpflanzen mit Fruchtständen
Olivenöl
Weißwein

Man erntet die Blätter, aber auch die Stiele und Fruchtstände. Letztere enthalten ätherische Öle, weshalb sich das Aroma dem Olivenöl mitteilt.

Am besten konserviert sich Basilikumduft, wenn man das Kraut in fertig gekochte Tomatensoße gibt und diese einfriert.

Basilikumöl

Für aromatisches Basilikum-Öl gibt man die Fruchtstände des Krauts in Olivenöl, lässt es ca. 2–3 Wochen ziehen, filtert ab und bewahrt es gut verschlossen und dunkel auf.

Basilikumwein

Etwa 1 Handvoll Basilikumblätter in 1 Liter Wein geben und die Mischung 2 Tage ziehen lassen. Dann filtern. Der Wein aromatisiert Tomatensoßen oder wird mit Sekt aufgegossen zu einem außergewöhnlichen Aperitif.

Auf diese Art kann man auch andere Waldpilze oder Zuchtpilze einlegen. Die Pilze zieren jedes Antipastibuffet und passen gut zu Wild.

FUNGHI PORCINI SOTT'OLIO

EINGELEGTE STEINPILZE

500g feste Steinpilze

einige Thymian- und Rosmarinzweige
einige milde Chilischoten
ca. ½l Oliven- oder Sonnenblumenöl

Sud
300ml Weißweinessig
100ml Weißwein
30g Zucker
20g Salz
1EL Pfefferkörner
1TL Wacholderbeeren
1TL Korianderkörner
4 Lorbeerblätter

Die Pilze mit einem Tuch abreiben, nicht waschen! Große Pilze in mundgerechte Stücke schneiden, kleine eventuell ganz lassen.

Alle Zutaten für den Sud aufkochen und die Pilze nach und nach darin etwa 3 Min. sieden.

Mit einem Sieblöffel herausnehmen, zunächst gut abtropfen lassen und dann auf einem Tuch zum Trocknen ausbreiten.

Nun Pilze mit Kräutern und ggf. Chilischoten in saubere Gläser schichten und mit Oliven- oder Sonnenblumenöl aufgießen. Wichtig ist, dass die Pilze vollständig vom Öl bedeckt sind. Ideal sind Abstandhalter, die es für Einmachgläser gibt. Am besten im Dunkeln nochmal 3–4 Wochen lagern.

Mediterrane Gewürze wie Lorbeer oder Thymian würzen die Fruchtsoßen, die bestens zu Käse passen.

PRUGNE AL ACETO BALSAMICO

BALSAMICO-PFLAUMEN

600g Pflaumen
⅛l Rotwein
⅛l Balsamico
6 Lorbeerblätter
1TL Wacholderbeeren
250g Gelierzucker

Die Pflaumen (wenn möglich) entsteinen und halbieren. Ist dies nicht möglich, mit dem Rotwein und dem Essig aufkochen und passieren.

Dann die Gewürze und den Gelierzucker zugeben, aufkochen, 3 Min. sprudelnd kochen lassen und heiß in absolut saubere Twist-Off-Gläser füllen und sofort verschließen.

Tipp: Auf diese Weise kann man auch andere Früchte wie etwa Birnen einmachen. Bei hellen Früchten nimmt man Weißwein, Weißweinessig und hellen Balsamico.

Passt hervorragend zu Grillfleisch, gekochtem Fleisch, Braten, Käse und Pasteten.

Hausgemachte Liköre der Trattoria Macafame in Verona: Orangenlikör mit Zimt und Vanille, Salbeilikör mit Zitrone, Birnen-Grappa mit Zimt, Anislikör, Basilikum-Likör mit Zitrone.

LIQUORI DI ERBE, FRUTTA E SPEZIE FATTI IN CASA

LIKÖRE MIT KRÄUTERN, FRÜCHTEN UND GEWÜRZEN

Rum mit Orangenduft

1 l Rum
Schale von 1–2 Bio-Orangen
1 Vanilleschote
2 Stangen Zimt

Alle Zutaten in ein Glasgefäß geben, ca. 4–6 Wochen im Hellen, aber nicht in der Sonne, durchziehen lassen. Ab und zu schütteln. Schließlich in saubere Flaschen abfiltern und im Dunkeln lagern.

Birnen-Grappa mit Honig

1 l Grappa
2–3 Birnen
2 Zimtstangen
4 EL Honig

Alle Zutaten in ein Glasgefäß geben, ca. 4–6 Wochen im Hellen, aber nicht in der Sonne, durchziehen lassen. Ab und zu schütteln. In saubere Flaschen abfiltern und im Dunkeln lagern.

Kräuterlikör mit Salbei oder Basilikum

1 l Alkohol 97 %
1 Handvoll Kräuter
Schale von 1–2 Bio-Zitronen
400 g Zucker

Die Kräuter reinigen, möglichst nicht waschen. Möchte man sie waschen, unbedingt gut trockenschütteln. Mit der Zitronenschale in ein Glasgefäß geben und mit dem Alkohol übergießen. Ca. 4–6 Wochen im Hellen, aber nicht an der Sonne, ziehen lassen. Flüssigkeit abfiltern.

400 g Zucker und 600 ml Wasser in einem Topf aufkochen und umrühren, bis sich der Zucker aufgelost hat. Mit diesem Sirup den Likör verdünnen. In saubere Flaschen füllen und noch 4–6 Wochen reifen lassen.

Eine Rundreise

SERVICE

Noch mehr feine kulinarische Tipps von Heike Hoffmann finden Sie in ihrem blog www.rezepte-von-unterwegs.de, Neuigkeiten vom und über den Gardasee auf www.garda-inside.de; außerdem gibt es auf www.dispensaverde.de von der Autorin ausgewählte italienische Köstlichkeiten wie Wein, Olivenöl, Balsamico, Wurst, Grana und vieles mehr.

Mayer, Lothar, *Gardasee. Natur- und kulturhistorische Ausflüge*, Petersberg: Imhof Verlag 2015 und www.lothar-mayer.info
Das Rezept Buchweizenrisotto von S. 190 stammt von Julia Reimann – vielen Dank!
Reimann, Julia, *Kochen mit regionalem Urgetreide*, Stuttgart: Ulmer Verlag 2018
Mehr zu »Bayerischem Reis« & Co. unter www.chiemgaukorn.de

DANKE

Die hier Genannten wissen, wie wichtig mir ihre Unterstützung war. Ohne sie und noch so viele andere, die hier einfach aus Platzgründen nicht genannt werden können, wäre dieses Buch nicht entstanden:

Elena Bertagna, Annette Hauser, Freya Hofstaedter, Ute Jesina, Ari und Sini Kannos, Eva-Maria und Julia Kroworz, Lothar Mayer, Andreas Ohl, Johanna Rümmele, Ute Scobel, Andreas Schumann, Giuliana Tezza, allen Protagonisten im Buch und den tatkräftigen Menschen vom Wißner-Verlag, die viel mehr als einfach nur »ihren Job« gemacht haben.

Herzliches Dankeschön, Grazie di Cuore!!

BILDNACHWEIS

Alle Bilder von Heike Hoffmann außer:

5PH: S. 216 (Glas), Benutzung unter Lizenz von Shutterstock.com
Acetaia del Balsamico Trentino: S. 204 (links), S. 207 (2. Bild)
adehoidar: Hintergrund Rezeptseiten und Cover sowie Vor-/Nachsatz, Benutzung unter Lizenz von Shutterstock.com, Composing durch Lisa Schwenk
Agritur Calvola: S. 202
Bertagna, Elena: S. 79 (links)
Caffè Martini: S. 121, S. 130
Cantina Gozzi: S: 105
Castrini, Massimo: S. 155 (oben links)
Consorzio agrituristico mantovano »Verdi Terre d'Aqua«: S. 77 (2., 3. und 4. Bild)
Distilleria Fratelli Pisoni: S. 216 (1. und 3. Bild)
Dream79: S. 45 (unten), Benutzung unter Lizenz von Shutterstock.com
Enoteca Gonzaga: S. 88, S. 90 (oben rechts)
Ferri, Francesca: S. 26 (oben und unten)
Fortuna, Mauro: S. 2 (oben rechts)
Fototeca Trentino Sviluppe S.p.A.: S. 188 (Pio Geminiani), S. 194 (Frank Stolle), S. 204 (rechts) (Marco Simonini), S. 207 (1. und 4. Bild) (Marco Simonini), S. 208 (rechts) (Marco Simonini), S. 212 (links) (Marco Simonini)
Gackowski, Matthias: S. 2 (Zeitung)
Gemeinde Limone: S. 169, S. 180–181
Gorillaimages: Titelfoto unten, Benutzung unter Lizenz von Shutterstock.com
Hofstaedter, Freya und Ralph: S. 188, S. 211 (oben)
Kannos, Ari: S. 113 (Fenster), S. 114
Kleinschroth, Peter: S. 90 (links)
Krasnevsky, Arsenie: S. 31 (oben), Rückseite Cover (unten, Malcesine), Benutzung unter Lizenz von Shutterstock.com
Kroworz, Eva-Maria und Julia: S. 6 (oben rechts), S. 8 (oben rechts), S. 9 (oben Mitte und beide rechts), S. 23 (alle), S. 39 (Schild), S. 44, S. 45 (oben links), S. 66 (links), S. 67 (rechts), S 134 (rechts), S. 182 (rechts), S. 193 (unten links), S. 215 (oben links)
lukaszimilena: Impressum, Benutzung unter Lizenz von Shutterstock.com
Manestrini: S. 43 (links), S. 122 (oben), S. 125 (Oliven, Familie)
Martysheva, Ganna: S. 5 (unten links), Benutzung unter Lizenz von Shutterstock.com
Mayer, Lothar: Rückseite Cover (oben links), S. 4 (links und unten Mitte) S. 11 (oben links), S. 16–19, S. 34, S. 173 (rechts), S. 192
McUbed, Joe: S. 155 (unten links), Benutzung unter Lizenz von Shutterstock.com
Meese, Meena: S. 177 (unten), Benutzung unter Lizenz von Shutterstock.com
Moratti, Michael: S. 145 (rechts)
Namberger, Michael, Copyright Chiemgau-Korn: S. 190 (rechts)
Nießner, Korbinian: Cover (oben links), Rückseite Cover (Koch), S. 2 (unten links und oben Mitte), S. 5 (oben links), S. 7 (rechts), S. 39 (unten links), S. 51 (rechts), S. 121 (unten), S. 122 (unten), S. 124, S. 167 (links beide), S. 168, S. 173 (links), S. 177 (links)
Ohl, Andreas: S. 62
Osteria Macafame: S. 61, S. 223
Pixabay: S. 6 (Füße), S. 8 (Ausschnitt Limone), S. 31 (rechts), S. 45 (rechts), S. 133 (rechts), S. 160 (2. Bild), S. 166, S. 205 (rechts), S. 217 (rechts)
Rifugio Monte Baldo: S. 210
Ristorante Da Umberto: S. 24
Roepke, Herwig: S. 174
Rümmele, Johanna: S. 22, S. 176
Saad315: S. 71 (rechts), Benutzung unter Lizenz von Shutterstock.com
Schröder, Eva-Maria: S. 25 (rechts)
Schumann, Andreas: S. 2 (unten links)
Scobel, Ute: S. 147 (1. und 2. Bild), S. 148–149
Solarisys: S. 30, Benutzung unter Lizenz von Shutterstock.com
Solimago: S. 118
Stefanoni, Andrea: S. 111, S. 161 (2. Bild), S. 165 (rechts)
Taverna Picedo: S. 136, S. 137 (links und oben)
Tezza, Michele: S. 220 (rechts)
Tummy: S. 150, Benutzung unter Lizenz von Shutterstock.com
Variati, Lorenzo: S. 133 (Tasse), S. 134 (Teller)
Viatkins: S. 219 (unten links), Benutzung unter Lizenz von Shutterstock.com
Wasilisa: S. 48 (rechts), Benutzung unter Lizenz von Shutterstock.com
Weingut Cavalchina (Custoza): S. 68

REZEPTREGISTER

Hier finden Sie die deutschen und italienischen Rezepttitel sowie Erklärungen zu einigen besonderen Gardasee-Spezialitäten. Die Nebeneinträge der Rezepte sind nur in deutscher Sprache. Kursiv bedeutet: Das Rezept ist in den Text integriert.

A

B

L

M

Marmellate e Conserve

O

P

Pasta